AF494139

parce que mon père me l'a laissé. Mais de quel droit cela appartenait-il à ton père? De père en père, il faudra bien un peu plus tôt ou un peu plus tard remonter jusqu'à Dieu, à celui qui a fait ce que tu occupes; qui a fait cette terre ronde, moitié terre et moitié eau; qui la maintient en équilibre, à une distance également favorable des espaces planétaires et des feux immédiats du soleil. Avant l'apparition de l'homme, la terre n'appartient à personne, elle s'appartient à elle-même; elle a son moi qui la féconde. Dieu la régit, l'homme y passe, et l'humanité y continue son cercle. Quand les hommes y apparaissent, elle appartient à tous, au prorata de ce qu'ils peuvent en prendre, pour satisfaire à leurs besoins; à tous également par leur titre de frères, par le droit qu'ils ont de vivre, et par la nécessité, que leur a imposée en naissant la nature, de croître et de multiplier.

Mais, avons-nous dit, tôt ou tard les limites des champs se rapprochent et se touchent, en gagnant sur les espaces inoccupés, à mesure que la population augmente et s'étend au loin. La gène amène bientôt les divisions; la prévoyance engendre l'avarice; la possession devient une propriété, un privilége de la naissance; on la défend si les besoins circonvoisins l'attaquent; l'harmonie et la concorde ne se basent plus que sur des stipulations et des voies de contrainte; la sécurité ne se main-

DE
LA POLOGNE
SUR LES BORDS DE LA VISTULE
ET
DANS L'ÉMIGRATION.

Pour prévenir les contrefaçons et les altérations de texte, tous les exemplaires porteront la signature de l'auteur.

PARIS IMPRIMERIE DE BOURGOGNE ET MARTINET RUE JACOB, 30

DE LA

POLOGNE

SUR

LES BORDS DE LA VISTULE

ET

DANS L'ÉMIGRATION,

PAR

F.-V. RASPAIL.

Super flumina Babylonis, illic sedimus et flevimus, dùm recordaremur tui, Sion.
PSALM.

Assis sur les bords du fleuve de Babylone, pauvres exilés, nous avons versé des pleurs, au souvenir de la Patrie.

PARIS,
CHEZ L'ÉDITEUR, RUE NEUVE-D'ORLÉANS, 64,
HORS LA BARRIÈRE SAINT-JACQUES;
ET CHEZ TOUS LES MARCHANDS DE NOUVEAUTÉS.

1839

À

KERSAUSIE,

VOLONTAIRE POLONAIS.

La loi française, qui t'a dépouillé de tous tes titres, n'était pas compétente pour t'arracher celui-là. Tu fus riche en naissant, capitaine des hussards à vingt ans, décoré sur le champ de bataille à vingt-cinq, soldat de l'insurrection populaire en 1830, pacificateur de la Bretagne après la victoire de Paris; aujourd'hui tu n'as plus droit de cité en France; tu ne vis que fictivement devant la loi; tu es mort civilement; tu es mort pour tout, si ce n'est pour la haute surveillance de la police.

J'ai l'autorisation de parler de toi, de ton vivant même, comme en parlera la postérité; c'est du moins un avantage que les hommes de ta trempe gagnent à être frappés ainsi par la loi; ils assistent à leur éloge funèbre.

Citoyen polonais, par ton enrôlement sous les drapeaux de l'insurrection polonaise, il te reste un synonyme du titre de citoyen français; je t'écris: *A Kersausie, dans la Pologne future.* Qu'on ne pense pas que la Pologne présente en soit séparée par une éternité! Cette éternité est un point dans notre histoire actuelle; ma lettre ne t'arrivera pas dans la tombe. Je m'acquitte, en publiant cet écrit, d'une dette que j'avais contractée au *Réformateur*, envers l'opinion démocratique de l'émigration polonaise; je viens prouver à nos collaborateurs des bords de la Vistule, que je n'ai pas perdu de vue ma promesse, en m'exilant, à mon tour, de la patrie que ma plume m'avait faite, et où l'ennemi pénétra un jour aussi par trahison. Il y avait alors entre nous sympathie de vœux et d'opinion; il y a aujourd'hui communauté d'infortune et analogie d'exil. Assis, comme eux, sur les bords du fleuve de Babylone, mais seulement sur une rive un peu plus déserte, rien ne distrait ni mes souvenirs, ni mes espérances, et ne me fait perdre de vue le flot lointain qui roule vers nous un nouvel ordre de choses et un meilleur avenir : puissent ces quelques paroles, confiées au souffle de la publicité, arriver à nos frères malheureux sur la rive opposée, comme une prophétie et une consolation !

Dans ce nouveau délit que je vais commettre aux yeux des puissances absolutistes, mon unique complice, c'est encore toi ; les pièces, jusqu'à présent inédites en France, telles que le *Manifeste de la société démocratique polonaise*, sont la traduction des pièces originales et authentiques que tu m'as transmises d'Angleterre ; car l'Angleterre, moins docile que la France aux injonctions du czar, permet aux Polonais de publier des principes et des faits qu'il leur est interdit de révéler en France, en vertu de nos lois sur l'hospitalité. Moi, je les révèle, en vertu de mon droit de cité ; nous n'avons encore aucune loi comminatoire qui défende à un Français de s'occuper de la question politique des autres nations ; il est permis à un Français de faire des vœux pour la liberté des autres peuples, et de proclamer la légitimité de l'insurrection nationale chez les peuples envahis et opprimés. Toutes les histoires modernes sont du domaine légal de notre polémique, hormis l'histoire de notre pays; on a sans doute pensé que, dans un pays dont la constitution est fondée sur le principe de la *souveraineté nationale*, l'histoire devait être écrite, ainsi que les lois doivent être votées, par tout le monde, et non pas par un seul. Il n'en est plus de même à nos yeux pour les pays où un seul domine; là un seul, le faible comme le fort, le simple berger ainsi que le maître, a droit de ramasser la pierre qui doit atteindre l'œil unique de Goliath; un seul contre un seul, c'est combattre, sous le rapport du nombre, à forces égales. Ce droit me dicte un devoir; car le devoir n'est que le droit de bien faire.

Je profite, pour m'en acquitter, d'un instant de loisir. Mes loisirs, tu le sais, ne sont que des tracasseries nouvelles; notre repos à nous ne saurait être qu'une expiation de nos fatigues: j'expie en ce moment, à petits coups d'épingle, les deux premiers volumes de mes *Lettres sur les prisons de Paris*.

Je remplis l'intervalle qui séparera les deux premiers des deux derniers volumes, en m'occupant de l'oppression des peuples nos frères; je n'ai point changé de sujet, je n'ai fait que prendre une transition nouvelle : ce sont des chaînes de fer que je mesure et soulève encore; c'est toujours la prison que je décris : noble prison dont le geôlier est un autocrate !

La question que j'ai entrepris de traiter dans cet opuscule, n'a jusqu'ici jamais été bien comprise en France ; la presse parisienne n'a pu l'envisager que sous une face ; je l'envisage librement sous les deux. Impartial, mais sévèrement exact, je dis tout ce que je crois devoir être utile, rien de ce qui serait personnellement blessant. Je respecte les hommes dans le parti que je blâme. Ces hommes m'ont toujours paru, en particulier, valoir mieux que leur parti : je dois leur rendre cette justice, que je leur ai toujours reconnu encore plus de noblesse dans les sentiments que dans le nom, plus de générosité dans les sentiments que dans les principes politiques; leur cœur est sans cesse en lutte avec leurs prétentions : on les estime, en les condamnant; on les salue, avant de leur livrer bataille: que leur manque-t-il donc pour combattre dans les mêmes rangs que nous? le sacrifice de quelques formules qu'on leur a apprises en naissant. C'est une guerre de mots qui les sépare du peuple: puissé-je, dans ce moment de trève et de pourparler, leur fournir une nouvelle définition des termes; et que la Pologne régénérée n'ait plus qu'un seul parti, le parti de la nation tout entière, sans aucune exception!

Ton nom, ainsi qu'un bon exemple, me portera bonheur dans cette œuvre. Noble, autant que les plus nobles; riche, autant que les plus riches; brave, autant que les plus braves, par le sang de Latour-d'Auvergne, premier grenadier français, qui coule dans tes veines; tu as reconnu, dans le fond de ton âme, que nul désormais ne saurait plus se rendre utile à la patrie, qu'en se constituant l'égal de tout le monde.

Les nobles Polonais, déjà républicains par la nature de leur noblesse même, n'ont qu'un pas de plus à faire, pour sentir comme toi, et pour se proclamer démocrates.

Si je parviens à leur prouver que là seulement est le gage de la délivrance de la patrie, j'aurai achevé leur conversion; car, chez les nations Slaves, la patrie absorbe toute ressentiment et toute dissidence.

Pour obtenir un tel triomphe, Dieu de la liberté, rendez-moi la lumière, et combattez à mes côtés!

Et toi, victime privilégiée de nos luttes politiques et judiciaires, lis avec indulgence ces lignes, que, d'une main fatiguée, trace, dans le découragement qu'inspirent la solitude et les sourdes persécutions,

Ton coaccusé en 1833,
Ton collaborateur en 1834,
Ton compagnon d'armes depuis 1829,

F.-V. RASPAIL.

1er septembre 1839.

DE

LA POLOGNE

SUR LES BORDS DE LA VISTULE

ET

DANS L'ÉMIGRATION.

S'il est un point de géographie européenne qui, depuis bientôt dix ans, ait sérieusement occupé la diplomatie des cabinets et la sympathie des peuples, c'est, sans contredit, ce compartiment de la carte, sur lequel le mot de Pologne semble avoir été gravé par le temps, en caractères tellement ineffaçables qu'on les dirait autochthones; si bien que nulle combinaison, nul partage, nulle révolution, nulle invasion, n'a jamais pu superposer à ce mot une dénomination nouvelle, qu'il n'ait percée à jour au même instant.

Si morcelée, si démembrée qu'elle ait été par ses ennemis les plus acharnés à sa perte, la Pologne des temps historiques s'est toujours trouvée quelque part là-bas, par les régions que traversent le Bug et la Vistule.

Il est des noms, dans l'histoire, qui tiennent au sol, comme les peuples indigènes; il faudrait que la terre changeât de pôle, pour qu'on pût les transposer. La Pologne et la France sont, sur la mappe-monde, deux noms de ce caractère-là.

Cependant, si aux plus habiles de ceux qui prennent à cœur la question de la restitution de la Pologne à la Pologne, on venait à demander de nous tracer, sur la carte, les limites du noble pays dont ils réclament si hautement la réhabilitation aux rang et privilége des peuples libres, il me paraît certain que, posant le doigt sur le Niémen, au dessous de Tilsitt, comme point de départ, on les verrait tracer une courbe saillante jusqu'à Grodno, de là une courbe rentrante jusqu'à Bialystock, puis descendre à Vladimir et à Zamosc; de là, à angle droit, se diriger vers Sandomir, de Sandomir à Cracovie, de Cracovie remonter, à angle droit, par Kalish jusqu'à Pysdry de Pysdry, à angle droit, jusqu'à Thorn; suivre la parallèle jusqu'à Wonzosz ; enfin la longitude jusqu'au point de départ, qui est Tilsitt. Comprenant ainsi dans une espèce de quadrilatère, les palatinats de Plock, Podlachie, Lublin, Sandomir, Cracovie, Kalish, Varsovie, et enfin le palatinat d'Augustow, comme une langue de terre qui s'avance dans la Lithuanie.

Or, ne demander que la restitution de ce carré

de terre, c'est sanctionner par le fait le morcellement de la Pologne; c'est reconnaître la légitimité du partage qui l'a quatre fois spoliée depuis 1772. Car cette circonscription comprend encore moins que l'ex-duché de Varsovie, tel que l'invasion des Moscovites le reprit, à la suite du quatrième partage de la Pologne, qui eut lieu en 1815, époque depuis laquelle la Pologne n'exista plus, que dans les vœux des peuples et dans les destinées futures de la France.

La diplomatie des cabinets s'accommoderait fort bien, il n'y a pas de doute, de cette forme de langage, auquel quarante ans de souvenirs historiques ont façonné nos esprits. Mais la logique, qui, en fait des droits de l'humanité, est la souveraine justice, nous fait un devoir, à nous Français, protecteurs-nés des droits imprescriptibles des peuples nos frères, de réformer ces locutions vicieuses dès à présent.

I.

Limites naturelles de la Pologne.

Posez l'une des pointes du compas à l'embouchure du Danube, et, par 100 lieues d'ouverture, appuyez l'autre sur le premier chaînon des monts Carpathes; suivez cette chaîne de montagnes jusqu'à Breslau, remontez l'Oder jusqu'à Stettin;

vous aurez tracé la limite occidentale. Tirez une autre ligne divergente, en partant des bouches du Dnieper, passez par Kiev, Smolensk, et arrivez droit à Riga, sur les confins de la Finlande; vous aurez la limite orientale de ce vaste bassin géographique qui forma la Pologne pendant cinq siècles consécutifs, de 1300 à près de 1800, c'est-à-dire depuis l'avénement de Jagellon, duc de Lithuanie, jusqu'à l'abdication de Stanislas, auguste de nom, ce jeune et beau Poniatowski, que Catherine II fit roi de Pologne, dès qu'elle fut fatiguée de l'avoir pour maîtresse, et qui, après avoir tenu la plume dans les trois partages de la Pologne, finit par abdiquer en 1795, à Grodno, en déposant, entre les mains du czar moscovite, le simulacre de couronne que, jusque là, on lui avait laissé au front, et en se rangeant dès lors dans la foule des courtisans et boïars moscovites, qui firent peu attention à lui, même lorsqu'il mourut, en 1798 (1).

La Baltique au nord, la mer Noire au sud, les Carpathes et l'Oder au couchant, le Dnieper et la Dwina au levant, vaste zone de près de 20,000 lieues carrées et de 20 millions d'habitants, qui séparait les Moscovites ou Russes du nord, des Germains du couchant et du sud de l'Europe, par une li-

(1) La Pologne en avait agi de même pendant tout son règne; et elle ne s'aperçut pas qu'elle fût veuve d'un roi, après la simagrée de Grodno.

sière de plus de 100 lieues de largeur; telle fut la Pologne avant les trois spoliations successives dont elle a été victime; avant que le duc de Brandebourg ne lui eût soustrait la Poméranie, afin de se faire roi de Prusse; avant que l'Autriche, qui survient dans tous les partages pour en retirer quelque profit, n'eût escamoté la Galicie, et que la Russie n'eût mis la main sur tout le reste, comme la part du lion.

Voilà donc tout ce que la Pologne doit reprendre à ses spoliateurs, si l'on veut que la restitution soit complète; et elle ne consentira jamais à recevoir moins, une fois que l'on aura établi en principe qu'elle est passible d'une spoliation. Tout! ou le peu de chose que vous lui accorderez équivaudra toujours à rien; c'est l'*ultimatum* que la Pologne écrira tous les quarts de siècle à ses usurpateurs, avec une plume taillée à coups de sabre, et sans qu'il soit jamais changé un iota à la sommation textuelle.

Car, remarquez-le bien, ce n'est plus ici une question de protocole, où le principe dynastique intervienne comme partie contractante et fort accommodante, cédant une partie pour ne pas tout perdre, s'arrangeant d'un petit coin où on la blottit, afin de ne pas cesser d'être quelque chose, échangeant des fractions de peuples comme on échange des gros sous, rognant aux ciseaux des plateaux couverts de villes populeuses et de riches moissons, signant enfin un traité de paix comme un billet à ordre ou un bilan définitif.

On a bon marché des rois, quand les peuples ne sont rien dans la balance.

Mais il n'y a plus de rois depuis long-temps dans les terres où la Pologne est tout entière encore sous différents noms; il n'y est resté que le peuple, ce produit autochthone que les orages des révolutions ne parviennent jamais à déraciner du sol.

Car lorsqu'on n'étudie la géographie que du point de vue d'un trône (et malheureusement pour notre éducation nationale, l'histoire écrite n'en a pas pris un autre, depuis que l'histoire a eu pour scribes des historiographes et non des historiens), la géographie est un jeu de cartes que l'on bat entre les mains, et que l'on remplace tous les quarts d'heure par de nouvelles cartes : on dirait que les peuples d'un continent se plaisent à changer de rapports et de noms à chaque génération, comme les valets changent de livrée à chaque dynastie.

Mais il n'en est plus de même, quand on étudie la géographie sur les lieux, et qu'on examine les peuples dans leurs rapports avec le sol qui les nourrit, l'atmosphère qui les réchauffe, et les limites du bassin qui forment autour d'eux la circonférence d'une indivisible unité; on a alors sous les yeux la géographie physique et naturelle, qu'un cataclysme seul a la puissance de modifier, et qui, en dépit des mille noms que le caprice de la nomenclature se plairait à lui appliquer, ne restera pas moins dans les mêmes termes, tant que le globe tournera dans son orbite, autour du même solei.

Tout ce qui y arrive du dehors se façonne et s'identifie avec ce qui y existe; tout ce qui y séjourne s'y propage, et rend aux générations qui suivent, la vie sous les mêmes formes qu'il l'avait reçue des générations qui ne sont plus. Les vainqueurs s'y fondent dans le sang des vaincus, tellement qu'à la troisième génération il n'en reste plus de traces. Le pays absorbe tout ce qui diffère de lui, et efface jusqu'aux nuances qui surviendraient d'autre part; tout ce qu'il engendre porte son empreinte; tout ce qui s'incorpore à lui la revêt peu à peu: sa population a enfin un caractère indélébile comme sa végétation. Non pas que ce caractère ne se modifie par les croisements et les mélanges de races; mais ces modifications ne font qu'ennoblir son type, sans l'altérer d'une manière fondamentale, et le confondre avec tout autre type voisin: ce type se conserve immuable, en dépit même des dégénérescences de la population: dégénérescences passagères, et qui ne tardent pas à rentrer dans la loi normale avec le temps. Faibles mortels, qui vous vantez de gouverner les hommes et de les façonner à vos penchants, par cela seul que vous avez la permission de porter une couronne au lieu d'un feutre, et un sceptre un peu plus lourd que mon bâton blanc! que sont vos ukases, si flamboyants de colère que vous les rendiez, en présence de ces lois qui marchent comme des conséquences vers l'évidence, comme la foudre vers le but? Ce sont des colères de l'enfant, qui, de son souffle, veut arrêter la tempête et faire reculer les autans. Transportez tant que vous voudrez d'esclaves sur la terre conquise; mariez le plus que vous pourrez de vos courtisans avec les filles des vaincus; les premiers-nés qu'elles vous donneront seront déjà aussi libres que le furent leurs grands-pères maternels, et, dès leur premier sourire, ils convertiront leurs propres pères, a la haine que le pays professe envers le despotisme étranger.

Voyez ce que sont devenus les Vandales, les Bourguignons, les Goths, les Sarmates, qui se rabattirent, il y a 1400 ans, des champs de la Poméranie actuelle sur la France; ils sont devenus Celtes chez les Celtes, Romains chez les Romains, Espagnols chez les Espagnols; et quand Napoléon a reconduit en masse les Celtes dans toutes ces régions hyperboréennes, culbutant, domptant, envahissant tout sur son passage, jamais il ne vint dans l'esprit de ses invincibles soldats, de se croire parricides, et de s'imaginer qu'ils manquaient de respect envers leurs grands parents. Les Poméraniens ou Prussiens, et les Celtes d'aujourd'hui, ont repris entre eux les mêmes caractères distinctifs qu'offraient, avant l'invasion, les *Gothones*, *Burgundiones*, *Vindelii*, ces autochthones de l'Europe orientale, d'un côté, et, de l'autre, les *Celtæ*, *Itali* et *Hispani*, ces autochthones de l'Europe d'Occident.

Le climat marié à la terre, c'est la patrie; il ne peut y naître que des frères, apportant au monde, jusque dans les traits qui caractérisent leur individualité, une ressemblance qui est leur type et les unit à tout jamais entre eux.

Ainsi, la géographie historique a beau se complaire à nous rappeler, par d'incalculables énumérations, que là où se trouve la Poméranie aujourd'hui, habitaient, au commencement de notre ère, les peuples que les Romains désignèrent sous le nom de *Vindiles* et *Gothones;* que ce qui s'étend de Francfort-sur-l'Oder à Posen était occupé par les *Burgundiones*, ces aïeux des Français d'aujourd'hui; que les *Lemovii* occupaient l'emplacement de Dantzig; les *OEstii*, la Courlande, la Livonie et l'Estionie; les *Rugii*, Rugen et la Casubie; les *Teutonarii*, le Mecklembourg jusqu'à Stettin; les *Ambrones*, Gnesen, Thorn et Plock; les *Na-*

harvalii, de Breslau à Kalish; les *Peucini*, la Mazovie ou le palatinat de Varsovie; les *Sidones*. le palatinat de Sandomir; les *Gothini*, Cracovie; les *Bastarnæ*, la Volhynie; les *Daci* et les *Getæ*, la Podolie, etc.; peuples qui, plus tard, se nommèrent successivement, sur nos cartes, Prussiens, Polonais, Lithuaniens, Russes rouges, Russes du Midi, Galiciens, Cosaques, etc.

La géographie naturelle répond que cette énumération de peuples et peuplades est trop longue ou qu'elle ne l'est pas assez; car tout ce que vous venez ainsi de parcourir, en plaçant çà et là quelques têtes d'épingle sur la carte, tout cela n'avait reçu de la nature qu'un seul type, et se réunissait jadis sous un seul et même nom. Tout cela, en fait de nationalité, était identique, et s'appelait la grande famille *slavonne*, et formait les Slaves du Midi, divisés en tribus, comme la France est divisée en départements, réunis par la confraternité qui émane de l'identité d'origine, et par l'identité des mœurs et habitudes qui émanent des influences atmosphériques et du climat

On dirait, en résumé, que les versants des montagnes, en se déchargeant dans la plaine des eaux qui creusent et sillonnent un bassin jusqu'à la mer, y répandent en même temps les flots de l'organisation et de la vie qui l'anime, avec des traits et des habitudes qui restent inhérents au sol. Du versant méridional des Pyrénées s'étendent les Ibères; du versant septentrionnal, les Aquitains; du versant oriental des Alpes, la Gaule narbonnaise; du versant occidental, la Gaule cisalpine; du versant oriental de l'Oural, les Slaves du Nord; des Apennins, les Tyrrhéniens; des chaînes de la Macédoine, les Hellènes; du versant septentrional des Alpes rhétiques, ainsi que du versant méridional des Carpathes, les Germains; du versant septentrional des Carpathes, les Slaves du Midi; toutes races aussi distinctes aujourd'hui que dans les temps antiques, aussi ineffaçables que le relief de leurs chaînes de montagnes et le tracé du cours de leurs fleuves, que les accidents de leur sol, que la température moyenne, enfin, de leur climat; car ce qu'ils sont et ce qu'ils paraissent résulte de toutes ces choses à la fois: ils en sont le produit. On peut exterminer une génération d'hommes, on ne détruit pas pour cela le type d'une race à jamais; le type est inhérent au sol; il s'infuse peu à peu dans le sang des colons, et les imprègne de la haine que les habitants du pays professaient envers la métropole. Le colon se greffe, à la longue, sur l'indigène et continue ses générations. La défaite subjugue la victoire, et les vétérans à qui on a distribué les terres conquises procréent la même race d'ennemis, armés des mêmes pièces que leurs premiers aïeux. La puissance subversive des protocoles dure deux siècles; est-ce bien la peine de tant en griffonner?

Le Rhin, la Manche, l'Océan, la Méditerranée, les Alpes et les Pyrénées : voilà la France, voilà les Celtes.

Les Carpathes et l'Oder au couchant, le Dnieper et la Dwina au levant, la mer Noire au sud, la mer Baltique au nord : voilà le bassin des Slaves, la Pologne passée, et, par conséquent, la Pologne future; cette conséquence est écrite dans les lois de l'univers.

Le commerce de la Baltique et de l'Océan, remontant par Dantzig et Riga jusqu'aux portes de Varsovie, pour se répandre de là jusqu'aux bouches du Dnieper et du Danube; les moissons de la Podolie s'échangeant, en boisseaux de blé d'Odessa, contre tous les trésors que le Danube, le Bosphore, le Tibre, le Rhône, l'Ebre, le Guadalquivir et le Nil viennent verser à flots d'or dans la Méditerranée; c'est exactement la position géographique et commerciale de la France, à trois degrés de latitude seulement un peu plus haut vers le nord; c'est notre esprit national, formé par l'alliance de l'activité du nord et de la poésie du midi de l'Europe; c'est notre commerce alimenté par l'agriculture la plus variée et la plus féconde, par l'industrie la plus illimitée; c'est une fusion continuelle de tous les besoins et de toutes les ressources possibles; c'est une surface qui n'a besoin que de deux ou trois canaux d'une trentaine de lieues de long, pour former, du Niémen, du Dnieper, de la Vistule, du Bug et de l'Oder, un vaste et inextricable réseau de communications par eau, incessante circulation qui charrierait la vitalité nationale, depuis les steppes jadis arides des Zaporogues du Don, jusque dans les glaces de la Finlande et de la Néva

Aujourd'hui les douanes russes, prussiennes, autrichiennes et moldaves coupent, de distance en distance, le cours de cette admirable vascularité, et morcellent, en lambeaux frappés de mort, ce colosse qui tint tous ses maîtres en respect, tant qu'il sut conserver intacts les insignes de sa nationalité, mais qui tomba, la face contre terre, dès qu'il lui vint dans la pensée de se dire roi avec leur permission et d'après leurs pitoyables formules. Mais cette mort n'est qu'apparente; il est, dans l'arsenal des destinées de la Providence, une trompette, qui réveille les peuples du fond de leurs tombeaux, et leur apprend, par inspiration, à rassembler leurs membres épars, pour récupérer les bienfaits de la vie.

Vous les croyez divisées, ces indomptables races slaves, parce que d'un trait de plume vous les avez catégorisées dans vos protocoles; cette division durera à la vérité sur la carte, tant qu'il ne s'agira pour ces peuples que de savoir à quels maîtres doivent appartenir le sol qu'ils labourent et les générations qu'ils propagent. Que leur importe un roi qui prenne le titre de roi de la Pologne, ou un roi qui les réunisse sous un sceptre d'empereur? ils les regarderont passer l'un ou l'autre, avec un certain sentiment de curiosité, comme on regarde un phénomene qui brille de mille couleurs et va s'éteindre presque aussitôt dans une seule; et ils reprendront leur bèche, après avoir assez vu. Essayez-dans le but de flatter ou de museler l'orgueil natio, nal, de placer un roi de Pologne dans le seul palatinat de Varsovie; vous n'aurez pas à craindre, soyez-en parfaitement tranquilles, de voir Lublin, Sandomir, Kalish, Plock, Posen, l'Ukraine, la Galicie, la Lithuanie et la Podolie, ces divers démembrements de la race slavonne, s'insurger pour se ranger sous le sceptre de cette nouvelle dynastie de rois polonais. Vivre sous un roi ou sous un autre, que leur fait cette question, à eux chez qui la royauté n'a jamais pu prendre pied d'une manière sérieuse? Un joug ou un autre, on n'en a jamais qu'un à la fois; et l'on ne s'avise pas, pour changer, de quitter celui que l'on porte; on gagne, à le garder, le temps qu'on aurait perdu à s'en défaire.

Mais qu'un cri solennel parte des cataractes du Dnieper, et arrive d'un côté à Riga presque aux portes de Saint-Pétersbourg, et de l'autre à Stettin, presque aux portes de Berlin, comme une de ces nobles et télégraphiques tempêtes qui parcourent un méridien avec une vitesse de cent lieues à l'heure ; que la liberté un jour se mette à proclamer, de sa voix sympathique, que les Slaves ont recouvré leurs antiques droits de famille, qu'ils s'appartiennent réciproquement, à titre de frères, comme ils appartiennent au sol à titre d'enfants de la même terre ; oh ! dès cet instant, douanes prussiennes, repliez-vous en courant sur la rive gauche de l'Oder, ce fleuve des Suèves ; douanes russes, reculez jusqu'en Finlande et sur la rive droite du Borysthène. Que l'Autriche concède beaucoup à la Hongrie ; car la Galicie ne tardera pas d'intimer à l'aigle à deux têtes l'ordre de repasser au plus vite la chaîne des Carpathes, ces alpes bastarniques ; et désormais l'antique indépendance de ces peuples, sortie comme de dessous terre, dira au Tatar d'en-deçà de l'Oural : *Tu ne descendras pas plus bas en Europe, et nos principes remonteront plus haut chez toi ; laisse-les passer librement, pour qu'ils aillent rejoindre, au Kamtschatka, ceux qui par l'autre côté sont partis de France, pour aller faire le tour du monde.*

Du reste, ce dénouement de l'un des côtés de la question européenne couve dans le cœur de tous ces peuples ; il ne faut qu'un coup de fusil tiré de travers en Europe, pour rompre la coquille de son œuf; et ce coup de fusil est prêt à partir.

Dormez, dormez votre sommeil, gracieux souverains, qui trafiquez en dormant de la liberté des peuples, et en jouez la nationalité sur les tapis verts de vos congrès; dormez quelques jours, quelques mois, quelques années encore, si cela vous plaît davantage; toute cette durée ne fait pas une minute dans la route du progrès.

Nous ne dormons pas, nous qui bivouaquons sur la route, nous, enfants du peuple, qui est enfant de Dieu; nous allons en avant après de fort courtes luttes; nous serons probablement loin de vos regards, quand vous sortirez de votre léthargie et que vous vous frotterez encore les paupières, pour trouver autour de vous sur qui régner. Comment vous appellerez-vous, quand vous n'aurez plus de peuples dociles ou faisant semblant de l'être? Où serez-vous, quand l'état, qui aujourd'hui a l'air d'être vous, sera redevenu tout le monde? Oh! que je vous plains, illustres souverains, je vous le dis sincèrement: car je plains de tout mon cœur les gens qui ne savent plus que faire.

Et vous, Polonais, assis sur les bords des fleuves de nos Babylones inhospitalières, hâtez-vous d'achever, sur vos lyres nationales, vos chants de deuil et de regret: rejetez ensuite vos harpes sur les épaules et reprenez vos lances; Bardes! vous ne tarderez pas à redevenir soldats.

II.

Formes gouvernementales des anciennes races européennes en général

Si nous voulons suivre d'un œil observateur le développement des formes gouvernementales, en prenant pour point de départ l'équateur, il nous sera facile de comprendre que le système absolu, soit despotique, soit théocratique, est partout à son apogée sous la ligne; qu'il commence à perdre de sa force vers les tropiques, et passe progressivement aux formes de la liberté, en s'avançant vers les pôles.

Partout où le climat brûlant rend l'homme paresseux et la terre féconde, là le luxe et le pouvoir peuvent facilement se concentrer entre les mains de quelques uns; là où l'esclavage peut devenir une ressource unique, la royauté éprouve moins d'obstacles à s'établir; elle est secondée par les habitudes morales des peuples dans ses tendances d'envahissement.

Il n'en est plus de même, là où la terre produit moins et où les hommes pullulent davantage. Dès qu'il n'y a plus de place à la paresse, la liberté commence à s'installer; elle seule est en état de régler les rapports qui font vivre les hommes ; le besoin, ce père du commerce et de l'industrie, traîne à sa suite l'égalité

Ainsi, un coup d'œil général jeté sur la carte ancienne, nous montre la royauté absolue et environnée d'une crainte qui a les formes du respect, en Afrique, dans l'Asie des conquêtes d'Alexandre, au Mexique, au Pérou, et dans toutes ces îles innombrables qui reçoivent sous le même angle les feux du soleil.

En Europe, au contraire, quelques conducteurs d'hommes, plutôt que des rois; et cela sur les langues de terre les plus proches de l'Asie et qui s'avancent le plus près vers l'Afrique, en Grèce presque exclusivement. Partout ailleurs des peuples libres, partagés en tribus, et donnant tous leur nom à la terre qu'ils habitent. A part les grandes délimitations de territoire, qu'il fallait bien désigner par un nom collectif, nous ne trouvons presque pas, sur les cartes anciennes, un seul nom qui porte la terminaison féminine des monarchies. La surface de ce populeux continent est pointillée de noms masculins pluriels, qui servent de correctif à la terminaison féminine du bassin géographique. La terminaison *ia* y désigne une unité nationale, et jamais le moindre simulacre de royauté :

Dans la *Hispania*, les *Lusitani*, les *Braccati*,

les *Cantabri*, les *Asturii*, les *Odetani*, les *Carpetani*, etc.;

Dans la *Gallia*, les *Arverni*, *Segusii*, *Allobroges*, *Ædui*, *Belgæ*, *Picti*, *Parisii*, *Celtæ*, etc.;

Dans la *Germania*, les *Boii*, *Burgundiones*, *Frisi*, *Hermonduri*, *Cherusii*, *Herminones*, etc.;

Dans la *Italia*, les *Tyrrheni*, *Romani*, *Sabini*, etc.

Derrière les monts Carpathes ou *Alpes Bastarniques*, les Slaves divisés et subdivisés, en mille tribus indépendantes et distinctes de nom et de fait, quoique associées entre elles par une communauté d'origine et une sympathie de confraternité.

Des peuples partout, des trônes nulle part, pas même des quasi-trônes, pas même des trônes populaires! Des républiques fédératives autant que de bassins géographiques! Des républiques partielles, presque autant que nous comptons aujourd'hui de circonscriptions cantonnales; telle fut l'Europe dans sa forme gouvernementale, jusqu'à la naissance de la féodalité; telle n'a jamais cessé d'être sa tendance et son esprit, sous le joug de la féodalité même. Pour façonner quelques uns de ces enfants de la terre au servilisme, il a fallu abattre la tête du plus grand nombre; et l'hydre en repoussait d'autres presque au même instant.

Des généraux, dictateurs pendant la guerre, simples citoyens après le combat; des magistrats temporaires, chefs de la cité pendant la paix; des prêtres dépositaires de l'autorité morale et de la direction des esprits; des chantres de la gloire nationale, inspirateurs du courage et des bonnes actions, rémunérateurs du talent et de la bravoure après la victoire et le succès; un peuple industrieux et agriculteur partout où la terre était arable, commerçant partout où elle était navigable, nomade et pasteur partout où, aride et sablonneuse, elle ne comportait que la végétation herbacée du printemps; la liberté limitée par le seul dévouement à la patrie, qui est la nation organisée; le dévouement à la patrie exerçant dans l'occasion le plus inexorable et le plus respecté des despotismes : telles se montrèrent à l'histoire, lorsqu'elle les visita pour la première fois, ces peuplades européennes, ces grandes confédérations, dont la nature avait tracé les limites avec le lit des fleuves et les chaînes des montagnes. C'est là ce que Scipion trouva en Espagne, ce que César a décrit dans les Gaules, ce que Tacite retrouva en Germanie, et ce qu'on aurait vérifié chez les peuples Slaves du Midi et du Nord, si le génie des empereurs avait su franchir les Alpes bastarniques, comme le génie de César sut franchir les Alpes italiques, le Rhin et le détroit Armoricain.

Le climat de l'Europe est imprégné de liberté! le despotisme n'y survient que comme un nuage gros de tempêtes, qui se dissipe en crevant, ou se résout dans l'atmosphère, aux rayons du progrès, qui est le soleil de la raison humaine.

Et ce n'est pas par l'ascendant du principe monarchique que le despotisme s'insinua plus tard parmi ces institutions naturelles; c'est leur mouvement seul qui en rompit l'équilibre; c'est leur propre jeu qui en usa les ressorts et en suspendit la marche régulière; c'est l'exubérance de la fécondité humaine qui rendit l'égalité presque impossible; car, où il n'y en a plus assez pour tout le monde, quelques uns finissent toujours par en prendre trop. La terre manqua un jour dans un coin de l'Europe à sa population; le trop-plein se jeta sur des régions moins avares; la conquête régla les parts; l'égalité des droits fut un des apanages de la conquête; la liberté passa tout entière dans le camp de la victoire; car la liberté, fille des arts et de la gloire, n'attache, au front des mortels, son bonnet rouge de flamme, qu'avec des rameaux de chêne ou de laurier. Le bonnet de la liberté sous une couronne d'or, c'est la monarchie absolue; sous un casque de guerrier, ce n'est que le monopole de la démocratie, c'est la féodalité; c'est un abus qui tend à revenir de jour en jour à la règle, et qui y arrive avec le temps. En Europe, cette terre essentiellement fière et libre, la féodalité a seule pu prendre un instant la place de l'antique et impérissable égalité; mais bien loin d'en effacer le principe, la féodalité ne fit que se l'approprier et s'en constituer la dépositaire. La loi des générations est soumise, ainsi que la météorologie atmosphérique, à un mouvement perpétuel qui déplace, rapproche, sépare, éloigne, confond et assimile les populations diverses, comme pour les faire participer successivement toutes des avantages de chacune d'elles, et comme pour arriver à cet état d'harmonie, qui est le but final de l'humanité, où la race humaine, qui couvre le globe, ne formera plus qu'une grande famille de freres, nuancée à l'infini par le langage et les habitudes, identique par les vertus, la raison et la sympathie. Nous touchons de bien près à la réalisation de cette utopie; la féodalité est descendue dans la classe moyenne; un pas de plus elle arrive droit au peuple: à tous; et là elle se dissipe, comme une contradiction, comme une idée impossible.

La féodalité blasonnée est morte et bien morte partout en Europe; l'oligarchie, qui la singe dans certaines contrées, tombe en enfance, à force d'imitations ; elle ne saurait plus avoir d'autre historiographe que Cervantes. Essentiellement conservatrice, elle ne saurait conserver aujourd'hui que de vieux oripeaux; ils ont deux cents ans d'usure; quelle chose ne tomberait pas en lambeaux, avec tant de siècles sur le pourpoint? Je ne parle pas par allégorie; voyez plutôt, en l'an de grace mil huit cent trente-neuf, vers la mi-août, et au sein de l'industrieuse et libre Angleterre, cette noble aristocratie anglaise, qui par elle-même n'a jamais pu, depuis quarante ans, triompher sur un champ de bataille qu'à l'aide de son or, et qui n'a pas tracé un seul plan de campagne hors du comptoir de l'Echiquier ; voyez-la réduite, pour se faire remarquer, de se donner en spectacle, ainsi que Franconi, avec des cuirasses de carton-pâte, des panaches de chiens savants, des blasons et devises collés avec de la gomme, et une lance que nos *rouges* et nos *bleus* du port de Paris manient cent fois mieux sur l'eau, que pas un de ces illustres champions pour rire, sur leurs plus illustres palefrois. Ces pauvres vieux fils de vieux marquis anglais, alors que tout pense sérieusement à des choses fort sérieuses, ne savent vraiment plus comment s'y prendre pour faire rire le peuple!

Oligarques conservateurs, oh! conservez, conservez bien la tradition de semblables parades. La reine de beauté, en détournant la tête du côté de la roture, ou, si le mot est plus conservateur, de la canaille, qui a, par devers elle, plus d'un genre de beauté, prenez-y garde, votre reine de beauté doit sourire de vos nobles farces, ainsi qu'en rit votre fou, un de ces fous que vous avez conservés aussi, comme pour vous résumer, par ses lazzis, à chaque moment du spectacle, les impressions du peuple, qui forme le parterre de votre représentation.

Amusez-vous et amusez-nous ; ce sont là des jeux bien innocents, et nous n'en avons plus à redouter d'autres de votre part ; le ciel en rit comme nous, en vous jetant ses seaux d'eau par le visage ; prenez garde à vos casques de papier mâché ; votre fou arrive à propos pour vous offrir un parapluie (1).

III.

Des peuples slaves en particulier.

Le peuple qui a dû conserver plus long-temps, dans toute leur pureté primitive, la liberté de ses institutions nationales, je veux dire continentales, c'est certainement celui que sa position géographique préserva plus long-temps du contact de l'empire, et de l'invasion des peuples qui cherchaient une patrie sous un ciel différent du leur. Ce peuple est celui qui s'étend des Alpes bastarniques jusqu'aux régions hyperboréennes ; c'est la race slavonne, race indigène, dont l'origine, ainsi que

(1) Notre impartialité nous fait un devoir d'avouer que notre aristocratie française, essentiellement conservatrice, ne s'attacherait pas à conserver de ces bévues-là, et que l'aristocratie anglaise elle-même n'a pas été toute complice de cette mascarade du bon vieux temps : elle comprend, comme nous, que la question qui l'occupe a un côté un peu plus sérieux.

celle de la Grèce, se perd dans les temps où les hommes commerçaient avec les dieux.

Dire donc que les Polonais formaient un peuple radicalement libre, dans le principe de l'histoire, c'est avancer qu'ils ne faisaient pas exception à la règle générale des institutions européennes; et, alors même que les chroniqueurs garderaient le silence à cet égard, nous n'en retrouverions pas moins les traces de l'histoire primitive des Slaves, dans l'histoire contemporaine des autres peuples d'Occident. Mais les témoignages écrits ne manquent pas à cette thèse déjà si évidente par elle-même. A Procope, Jornandès, Théophylacte, Constantin Porphyrogénète, les auteurs polonais (1) se plaisent à joindre l'opinion de Boguphale, chroniqueur du commencement du XIIIe siècle, qui assure que les *Lechites* (Polonais) *ne reconnaissaient entre eux ni rois ni princes, se considérant comme un peuple de frères issus d'un seul père* (2).

Chez eux, pas plus que chez les Celtes, rien qui portât le caractère de la volonté d'un seul, rien qui ne se décidât par le vote des assemblées locales ou générales, selon que les intérêts généraux ou locaux étaient mis en question; et quand les Francs et les Bourguignons se répandirent dans la

(1) Voy. *Histoire des législations polonaises*, de M. Maciejowski.

(2) *Lechitæ nullum regem seu principem inter se, tanquam fratres ab uno patre orti, habebant.*

Gaule, réglant leur part de butin et leurs plans de campagne en commun, les armes à la main et rangés en rond sur la terre, en présence du ciel, qui est garant des stipulations nationales, ils ne durent pas se croire dépaysés : les Celtes ne délibéraient pas autrement ; et cette forme d'assemblée que les Slaves désignaient par le mot de *Wieça*, les Romains eux-mêmes la désignaient par celui de *Corona*, qui en est la traduction littérale, à cause du cercle que formaient les citoyens ayant droit de voter, autour du chef ou président chargé de recueillir les votes, ou des orateurs qui éclairaient la question et débattaient les points en litige.

IV.

Comment la féodalité s'introduisit-elle chez les peuplades européennes et chez les Slaves en particulier ?

Chez les Celtes, les Bretons, les Germains, les Italiens, ce fut certainement par l'invasion des peuples du nord de l'Europe. Des peuples libres envahissant d'autres peuples libres, durent escamoter la liberté à leur profit Partout où vivent ensemble un peuple libre et un peuple conquis, là se développe le système féodal : le peuple libre devient un peuple de nobles et de privilégiés ; le peuple conquis un peuple de serfs. Le sol est tributaire de la conquête, le sol et tout ce qui fait partie du sol : les instruments de travail qui servent à le fertiliser, l'homme qui est le levier de la charrue; la conquête ne distingue pas entre l'attelage et le conducteur, la charrue ne peut pas plus se passer des uns que des autres. Les conquérants prennent goût à l'ascendant moral que leur prêtent la force du poignet et la trempe du sabre; ils sont fiers de reposer, sur l'épaule des hommes de la glèbe, leurs talons éperonnés, fatigués de piquer des deux leurs chevaux de bataille; ce passe-temps finit par prendre les caractères du privilége; la possession devient titre; et les titres sont au prorata des parts du butin, ou des titres qu'on tenait de l'élection, avant la victoire. Ces titres électifs devinrent des fiefs après le partage, car ils furent représentés par une propriété transmissible en vertu des lois d'hérédité. On vit alors, ce qu'on voit dans tout partage, le chef électif de l'expédition devenir le propriétaire le plus riche; ses lieutenants se partagèrent les terres qui entouraient sa part: ils étaient les compagnons d'armes immédiats du chef (*comites*), titre modeste qui s'enfla, en modifiant son orthographe, de tout l'orgueil d'un comte; les sous-lieutenants préposés à la garde des frontières et des chemins ou marches qui y conduisaient, par la position respective des terres qui leur étaient échues en partage, prirent le titre de maîtres des frontières (*marchiones*), terme qui alors avait plutôt la physionomie de celui de douaniers que de celui de marquis; les simples soldats, par rapport aux pékins de vaincus, furent des cavaliers ayant seuls droit de porter les armes (*equites*), hommes nobles, puisqu'ils étaient de la race conquérante; chevaliers, puisqu'ils étaient le premier échelon par où la noblesse passait pour arriver aux régions supérieures: République de nobles enfin, pour qui l'indigène était une simple chose, d'un rang inférieur à leurs coursiers. Nos aventuriers du XIXe siècle, qui volèrent à la conquête du Nouveau-Monde, ne se comportèrent pas autrement envers les pauvres Indiens; la conquête des hommes par les hommes est partout la féodalité. Les nobles Romains avaient des *Gètes* et des *Daces* à leur service; les nobles conquérants du Nord eurent des Celtes et des Romains au même titre; les Gètes et les Daces furent vengés par les Sarmates; chacun a son tour dans le trafic des hommes.

A une certaine époque de l'histoire polonaise, nous retrouvons la féodalité impatronisée chez la race slavonne; la difficulté est de préciser comment ce système a commencé à s'y établir.

Ce n'est probablement pas par l'invasion: les peuples du midi de l'Europe n'ont jamais eu la fantaisie d'envahir les peuples du Nord; et puis l'histoire ne parle pas de l'établissement d'un peuple conquérant parmi les Slaves. Nous savons que toutes les peuplades qui s'étendaient des Carpathes au Borysthène étaient renommées par leur valeur, ainsi que le sont en général des peuples libres avoisinés à droite et à gauche par des peuples redoutables; que les Slaves du Nord au contraire, séparés du monde, par des frères qui leur servaient de rempart au midi, et par des glaces qui les isolaient vers le nord, sans crainte et sans ambition, ignoraient l'art de vaincre et le besoin de se battre, et n'appliquaient leur intelligence qu'à la culture des arts amis de la paix.

Les Slaves du Nord n'ont donc pas introduit la féodalité dans le système gouvernemental des Slaves du Midi.

Peut-être pourrait-on en trouver les premiers germes, dans les guerres de peuplades à peuplades, guerres d'extermination et de conquête, comme le sont toutes les guerres des peuples où la religion du Christ n'a pas encore passé. Mais l'histoire, qui a commencé fort tard pour la Pologne, est muette à cet égard; et quoiqu'elle y soit survenue à une époque où la féodalité n'existait pas, elle n'en a pas moins laissé à nos conjectures le soin de décider du jour où celle-ci s'introduisit dans ces régions vierges si long-temps de toute forme d'esclavage.

Il est, dans l'histoire de la Pologne, un événement social qui sert, pour ainsi dire, de ligne de démarcation entre les deux formes gouvernementales qui se sont succédé dans cette vaste contrée : entre l'état de liberté radicalement démocratique, qui est l'état primitif des Slaves et des premiers Léchites, et l'état de liberté nobiliaire et féodale qui a fini par diviser ce peuple en deux castes, l'une propriétaire de l'autre.

On ne rencontre pas la moindre trace de féodalité dans la Slavonie, tant qu'elle fut païenne; et, grâces à sa position géographique, elle resta païenne, jusqu'à ce que le christianisme eût pris partout en Europe les formes du catholicisme. La Pologne ne fut convertie au christianisme que par le catholicisme; elle ne connut l'Evangile que par les abus que le sacerdoce en faisait, aux dépens du pauvre et du travailleur, à qui seuls le Christ avait apporté sa bonne nouvelle. Les premiers apôtres de la Pologne furent donc des seigneurs, barons, comtes, marquis et nobles, ou au moins du bois dont on les faisait. L'apôtre prêche ses mœurs avec sa doctrine, car il prêche d'exemple en même temps que de bouche; or il était de l'essence du catholicisme du moyen âge d'inviter, au nom de Dieu, les peuples à l'obéissance passive, et de flatter, pour s'en faire des prosélytes et des champions, la vanité et l'ambition des riches; l'apôtre y gagnait autant que le prosélyte; car celui qui dispose ainsi à son gré de la soumission et de l'obéissance des croyants envers ses maîtres, s'en adjuge presque toujours une bonne part en propre, et ne tarde pas à obtenir, d'une main, les titres, fiefs, domaines et hommes liges qu'il distribue de l'autre. Les prêtres avaient tout cela dans l'Europe occidentale : leurs couvents étaient des fiefs, leurs croyants étaient leurs serfs, leurs abbés étaient seigneurs, et leurs moines les égaux en pouvoir des hommes d'armes. Ils auraient perdu à prêcher l'Évangile en Pologne, où rien n'existait de cet ordre des choses ; que seraient devenus leurs titres et prébendes dans un pays d'égalité, où les plus riches étaient peuple comme tout le monde? Leur tâche devint double, et ils eurent, dans ce pays doublement incrédule, deux évangiles à prêcher, l'évangile de Rome et celui de la féodalité à la fois; ils écrivirent le premier en lettres noires et l'autre en lettres d'or : l'évangile des larmes, de l'abstinence, des mortifications, de l'abnégation, de la pauvreté, de l'humilité et de l'obéissance, ils le lurent comme une consolation au pauvre peuple; aux riches ils offrirent l'autre comme correctif du premier: les riches, en s'humiliant devant les prêtres, obtinrent l'autorisation et le privilége d'humilier la tête du peuple devant eux; le peuple, obéissant par l'ordre de Dieu, baissa le front sous la bénédiction du pontife; il se trouva, par ce fait, dans la posture requise pour recevoir le joug ou le coup de fouet des grands, qui n'étaient autres d'abord que les riches. Quand il fut établi en principe que le pauvre devait savoir souffrir, et que le riche, moyennant une redevance, avait le droit de jouir, le pauvre devint passif dans l'organisation sociale; la vie politique devint peu à peu l'apanage de la fortune; le pauvre fut gouverné et le riche gouvernant, votant, jugeant, possédant le sol par son droit de régler la propriété, les hommes par son droit de vouloir, qui était devenu pour lui un privilége. Ce n'était pas là tout-à-fait la féodalité de l'Occident de l'Europe, avec la hiérarchie émanant de la conquête; c'était quelque chose de moins dans l'ensemble et de plus dans les détails; c'était l'égalité devenue le monopole de quelques uns, au détriment du plus grand nombre. Ce n'était point une organisation systématique et convenue, dont les titres fussent écrits dans des chartes et conservés dans des archives; ce fut d'abord un empiétement qu'on n'avoua pas, qui se glissa, dans l'histoire nationale, par intercalation, et comme à l'insu des historiens eux-mêmes, dans le pacte social par des clauses subreptices, qu'on prenait soin de cacher aux intéressés. En un mot, l'Occident rendit, à la longue, et par contagion, aux hommes du Nord, la féodalité que les hommes du Nord avaient créée en Occident, à la suite de leurs conquêtes. Les métropoles ont tort de s'amuser à porter une peste dans leurs colonies; car toute peste revient à son foyer tôt ou tard.

Des contrats, rédigés de cette façon, lèguent à la postérité des procès qui durent plusieurs siècles, et se terminent toujours soit par un bouleversement, si les enfants des demandeurs sont aussi injustes et exigeants que leurs pères, soit par une radicale révolution, si les défendeurs sont les plus forts ou les demandeurs plus raisonnables; on déchire alors le titre, et l'on en revient au passé, comme point de départ de l'avenir. C'est une de ces révolutions qui se prépare depuis cinquante ans en Pologne. La nôtre l'a précédée de ces cinquante années, parce que les termes de la question étaient chez nous bien plus nets et plus hautement avoués. On ne pouvait les discuter, il fallut les broyer comme du verre, et ils furent broyés; et depuis cette époque notre société est en travail de sa réorganisation radicale, sous les inspirations de la fraternité, que chacun de nous, riche ou pauvre, et à quelque inégalité sociale qu'il appartienne, commence à comprendre et à sentir.

V.

Royauté polonaise.

Nous avons déjà eu l'occasion de faire remarquer que, dans le principe, les Polonais ne connurent rien moins que les formes du gouvernement royal.

Or, quand ils adoptèrent plus tard la dénomination de roi, pour désigner le chef du pouvoir exécutif de l'État, ils prirent le mot sans la chose, la royauté sans hérédité réelle, la couronne sans le sceptre : simulacre de roi qui exécutait et ne commandait pas, qui régnait et ne gouvernait rien.

Le premier de ces chefs à qui il prit fantaisie de trôner, ce fut Boleslas-le-Grand, dans le xe siècle ; mais en voulant se faire roi il désespéra tellement d'être compris par son peuple, qu'il en demanda la permission au pape, ainsi que le font les nouveaux convertis. Le pape, qui avait sans doute ses motifs, la lui refusa, et Boleslas dut se contenter du titre de Grand que lui conférèrent ses peuples. Wladislas-le-Bref, vers 1305, ne parvint à se faire reconnaître roi de Pologne, par Jean XII, qu'en s'engageant, en son nom et en celui de ses successeurs, à payer le *denier de saint Pierre*, ce denier qui vaut des diamants de la couronne. Jusque là le roi des Léchites n'avait été qu'un chef militaire, qu'un généralissime nommé à vie par la *Wieça* des nobles hommes, et qu'un mot des nobles aurait pu destituer, s'il en avait trop froissé les intérêts. Dès qu'on ne se battait plus, ce dictateur sur le champ de bataille venait soumettre sa conduite à l'assemblée nationale, et prendre les ordres de la noblesse et lui promettre obéissance et fidélité. La Pologne a eu depuis quelques successions de rois, mais jamais de dynastie proprement dite : la nation gouvernante accepta souvent pour rois les fils des rois, sans procéder à une élection en forme ; elle permit à un de ses rois de partager de ses mains le royaume entre ses enfants, à un autre de désigner son successeur de son vivant même ; ce n'est pas qu'elle abandonnât son privilége : elle agissait, en ces circonstances exceptionnelles, par une espèce de délégation ; le fils du roi défunt ne se considérait roi que par l'élection des nobles (1). Point de loi salique, point de charte octroyée, point de constitution fondamentale ; il n'y eut jamais d'immuable, dans le gouvernement de la Pologne, que le principe de la volonté du grand nombre. Cette prétention ne fut pas formulée, sous tous les règnes, aussi nettement que sous ceux de Louis roi de Hongrie, et surtout de Wladislas Jagellon dans le XIVe siècle ; mais elle était en toutes choses sous-entendue, bien avant que l'accession de la Lithuanie, par l'avénement électif de Jagellon, duc de ce dernier pays, n'eût

(1) Dans tous nos gouvernements féodaux, la royauté a commencé par être élective ; nos rois de la première race, sous ce rapport, étaient des rois polonais : Nos nobles hommes avaient seuls le droit d'élire un roi et de le destituer, s'il violait ses serments. Childéric fut détrôné de cette manière ; et le discours que Mézeray prête à l'un des seigneurs assemblés, pour prononcer la déchéance de ce Franc dégénéré de la race de Mérovée, diffère peu, quant au fond, de celui que tient ci-après Raphaël Leszczynski à Sigismond, roi de Pologne.

porté les nobles polonais à prendre explicitement leurs réserves contre les empiétements des droits que leur nouveau roi tenait de son ancien apanage.

Sous Casimir IV, dans le xve siècle, l'assemblée délibérante statua, en principe fondamental, *que le roi ne ferait désormais aucune loi sans le consentement des états.* Les nobles allèrent plus loin dans leurs réserves; ils finirent par ne donner la couronne qu'à certaines conditions convenues entre le candidat et l'assemblée : ces conditions étaient rédhibitoires, et prenaient le nom de *pacta conventa;* un roi qui les aurait méconnues ensuite était censé se détrôner lui-même.

En 1575, on vit Étienne Batory, l'un des plus illustres rois de la Pologne, obligé d'interrompre le cours de ses victoires, contre *Ivan-le-Terrible* (cet atroce bourreau de la Moscovie, qui n'a pas eu que celui-là), pour venir justifier sa conduite auprès de la diète, et se faire renouveler son mandat.

Les rois de cette trempe songeaient peu à la lignée ; et la constitution polonaise n'a jamais eu la vertu prolifique de notre loi salique. C'est une chose digne de remarque, combien, sur cette terre si féconde en hommes et en choses, il a passé de rois inféconds en héritiers présomptifs tandis qu'en France il est si rare que le trône soit vacant par la faute de nos reines : l'homme, de sa nature, est peu porté à créer des œuvres inutiles.

Le roi de Pologne finit par n'être plus que le premier magistrat d'une haute magistrature, que le président temporaire d'un tribunal souverain. Il recueillait les voix dans l'assemblée, et s'attachait, dans les jugements qu'il prononçait, à rendre, aussi fidèlement qu'il lui était possible, la pensée de ses conseillers, qui surveillaient de près son mode de rédaction. A la guerre, il exécutait les plans de campagne de la diète; pendant la paix, il était son vice-roi. Sa cour était pour lui une prison; il y régnait jusqu'à ce que l'ennui le prît : on le voyait alors quitter sa couronne, comme un galérien qui peut se débarrasser de son boulet. Au milieu de ses courtisans, il avait plutôt l'air d'un pupille en tutelle que d'un roi couronné. Il n'avait pas même le droit d'aimer, sans la permission écrite de ses nobles; il ne se mariait qu'après leur avoir fait, ainsi que nos fils de famille, ses trois sommations. Il n'exerçait pas enfin, sur son royaume, le moindre des droits de suzeraineté, que le plus mince hobereau du fond de la province pouvait s'arroger sur son fief d'une centaine de pas carrés. Le roi n'avait pas droit de *veto;* et il suffisait, dans l'assemblée, de la boule noire d'un simple noble pour annuler toute une délibération. Par les *pacta conventa*, il fut défendu au roi de s'intituler *dominus et hæres*, deux titres que le dernier des nobles avait droit de prendre dans ses terres. Le roi en Pologne n'était donc pas même le premier des nobles; il descendait au rang des serfs, en montant sur le trône.

Il arriva un jour, dans un mauvais moment de dépit amoureux, à Sigismond II, de s'écrier, au milieu d'une séance orageuse : *C'en est assez; j'exige la soumission et l'obéissance!* Il n'avait pas achevé la phrase, que Raphaël Leszczynski se leva pour l'apostropher en face, en ces termes : *Avez-vous oublié à quels hommes vous commandez? Nous sommes Polonais, et nous nous estimons aussi glorieux d'abaisser la hauteur des rois qui méprisent les lois, que d'honorer ceux qui les respectent. Prenez garde qu'en trahissant vos serments vous ne nous rendiez les nôtres; car le roi n'est en Pologne que le premier citoyen de l'État.* Et le roi se le tint pour dit; on n'est pas toujours roi comme on le désire.

Aussi on a vu de ces rois s'enfuir à toutes jambes devant une telle royauté, comme on fuit, quand on s'échappe de l'esclavage. Henri de Valois, pour s'y soustraire, et crainte d'avoir à ses trousses l'ombre même de sa royauté, s'y prit de nuit, sans domestiques, recommandant son âme à Dieu et à la Vierge de Délivrance; et il ne commença à recouvrer ses sens qu'à Paris, et après avoir bien regardé autour de lui. Concevez-vous une royauté, aux trousses de laquelle on a droit de lancer les gendarmes, pour la ramener au palais et la prier de trôner?

VI.

Noblesse polonaise dans ses rapports avec la royauté.

En Pologne, donc, *l'État, ce n'était rien moins que le roi;* l'État, c'était la noblesse dans les derniers temps, c'était tout le monde dans le principe.

Dès les premières phases de la féodalité, on voit le haut clergé et les chefs militaires de la Pologne, sous les noms de *prælati*, *barones*, *milites*, *nobiles*, former le conseil obligé du prince (*consistorium principis*), comme à Rome les cardinaux formaient le consistoire du pape; ce consistoire était une chambre des subsides et de l'impôt. Quant aux *Wieça*, ou assemblées générales, elles prirent le nom, en mauvais latin du Vatican, de *colloquia generalia*, *termini generales*. C'étaient des assemblées chargées de voter les lois générales et de les appliquer; elles étaient chambres législatives en même temps que corps judiciaires, sénat en même temps que tribunal.

Dans un pays où la puissance royale émane, non d'en haut, mais d'en bas, où la royauté enfin est élective, la puissance électorale doit finir par devenir la plus grande puissance de l'Etat; et si cette puissance est le privilége exclusif de quelques uns et qu'elle soit héréditaire, elle doit absorber toutes les autres et les rendre tributaires de son esprit de corps. Si la patente, qui est électorale en France, avait droit de survivance et d'hérédité, je ne doute pas que chaque boutique de France ne devînt un fief, dont nous, qui vivons dans la mansarde ou dans l'atelier, nous ne manquerions pas d'être les hommes liges. Qui vote les lois ou les législateurs, ne fait des lois que pour lui-même et contre tout ce qui n'est pas lui. Quand les lois sont faites par tout le monde, elles ne sont évidemment hostiles pour personne.

Les hommes armés de la nation, les soldats de la milice nationale (*milites*) et les soldats de la milice céleste (*prælati*) ne tardèrent donc pas, en Pologne, de former une classe à part, un pouvoir collectif et le seul pouvoir gouvernemental dans l'État. La religion, qui avait sa part du gâteau, en fit un gâteau bénit ; elle sanctionna ces priviléges qui étaient en partie les siens; et le gouvernement polonais s'affermit de plus en plus sur ses bases oligarchiques. Chaque noble, l'égal dans la diète ou aux assemblées générales, de tout autre noble, était maître, seigneur, plus que roi dans ses domaines; il avait un fief en fait, ainsi que dans tous les pays d'Occident, mais aucun de ces titres que nos nobles d'Occident chamarraient de figures héraldiques. Le principe d'égalité qui était la base de leur fédération était exclusif de toute distinction nobiliaire; un noble polonais se voyait voué à l'infamie, il dérogeait et il était déchu de ses priviléges, s'il avait la sottise d'accepter un insigne, un titre de comte, de marquis, de duc, de prince, et même de chevalier d'une cour étrangère (1).

La noblesse polonaise actuelle a dérogé amplement sous ce rapport, depuis cinquante ans; elle s'est dépouillée de sa nationalité, en acceptant des distinctions étrangères. Le peuple a conservé la sienne, en n'acceptant rien que les coups de ses nouveaux maîtres, les coups qu'il se prépare à rendre au centuple, quand l'heure de l'insurrection aura sonné. Or, une institution qui modifie sa constitution fondamentale, n'existe plus que de nom; c'est-à-dire qu'elle n'existe plus du tout, dans un siècle où nul n'est rien que par les choses.

Quoi qu'il en soit, et pour en revenir à l'idée qu'on peut se former du caractère distinctif de la noblesse polonaise, quand le corps des nobles chercha, dans l'histoire des peuples, une organisation analogue à l'organisation constitutionnelle de la Pologne, elle ne put tourner ses regards que vers Rome, qui en était devenue la maîtresse d'école,

(1) Les titres de *palatin* et de *castellan*, usités chez eux, n'étaient que les équivalents de ceux de gouverneurs d'un palatinat ou d'une citadelle; ils étaient personnels.

et lui inculquait ses traditions, par l'introduction des études classiques. Les nobles polonais ne tardèrent pas à traiter en langue latine des intérêts de l'État; ils traduisirent leurs titres en latin, en latin de la république : car, simples séculiers et simple puissance temporelle, ils ne pouvaient s'arroger la langue du conclave et du clergé. Une noblesse républicaine, ce sont deux mots qui jurent, chez nous, de se trouver ensemble; cependant la noblesse romaine n'était pas autre chose; et la noblesse polonaise, avant d'adopter la nomenclature romaine, n'était pas organisée autrement que ne le fut Rome républicaine: c'était une république au profit de quelques uns et au détriment de tous les autres, république aussi menteuse envers son programme, que peuvent l'être les monarchies les moins rigides sous ce rapport.

Les nobles polonais ne se dirent ni seigneurs, ni barons, ni marquis, ni ducs; ils s'intitulèrent chevaliers (*equites*) (1); la noblesse entière forma l'ordre équestre. La diète se composait du sénat (*senatus*), analogue de notre chambre des pairs, et des comices (*comitia*), ou chambre des députés. Les nobles électeurs, et qui ne faisaient pas partie de la diète, étaient le peuple (*populus*), qui avait

(1) Déjà dans la diète tenue à Vislica, en 1372, par Kasimir-le-Grand, les membres de la diète prennent la dénomination de frères d'armes et camarades (*comilitones* et *fratres*)

droit de réviser les lois et qui nommait les députés. La loi émanait, comme à Rome, du sénat et du peuple (*senatus populusque*). Tout ce qui n'était pas peuple était esclave et serf (*servus*), populace (*plebs et plebecula*). Le nonce, qui plus tard fut considéré comme l'égal du roi et prenant la qualification de majesté comme lui, s'intitulait, dans la diète, *tribun du peuple*, dont il représentait les intérêts auprès du sénat; il était revêtu de la puissance tribunitienne (*tribunitiam potestatem exercens*); l'État gouvernemental se nommait sérénissime république de Pologne (*respublica*); et les souverains ne traitaient pas en d'autres termes avec elle :

« *Il s'agit*, écrivait, en 1763, la fallacieuse Catherine II, *de rendre, à la république, son ancienne liberté et sa forme de gouvernement, garantie par un traité avec elle.* »

« *Sa Majesté le roi de Prusse*, disait le ministre du cabinet de Berlin, dans une déclaration publiée à Varsovie, le 22 janvier 1761, *Sa Majesté ne travaille et ne travaillera constamment qu'à maintenir les États de la république en leur entier.* »

Et lorsque, en 1764, notre ambassadeur français, moins adroit dans la morgue de son langage, que ne l'étaient les Grecs du Bas-Empire, qui dominaient dans le Nord, dit au prince-primat que le roi son maître ne reconnaissait pas l'assemblée des états comme république, le primat n'hésita pas à lui répondre : *Puisque M. l'ambassadeur ne reconnaît pas la république de Pologne, celle-ci ne le reconnaît pas comme ambassadeur.*

La noblesse était affranchie de l'impôt comme d'une insulte à ses prérogatives ; elle ne payait à l'État que la valeur de un franc de notre monnaie par arpent, pour les menus frais du luminaire des assemblées sans doute. De quels impôts aurait eu besoin, du reste, un État, où chaque noble était roi, maire, bailli, préfet, grand-juge, percepteur des domaines, enfin absolu dans ses terres, et où chaque soldat s'équipait à ses frais, quand la patrie était en danger? La bureaucratie, qui dévore l'impôt, ne trouve point de place dans une telle république; et il ne saurait y avoir la moins petite maison pour contenter la manie d'être ministre. Jean Zamoyski résuma toutes ces choses en ces termes, à l'élection de Henri de Valois : *Le sénat est une magistrature, l'ordre équestre est la nation; nous sommes tous nobles égaux, nous ne formons tous qu'un seul corps; toutes nos volontés individuelles composent la volonté générale, dont le roi est le gardien; aussi tout homme noble a droit de participer de son vote à la nomination du roi.* Quel langage séditieux en présence d'un frère du roi de France! Ce pauvre Henri de Valois, forcé d'écouter, l'oreille basse, ces principes attentatoires aux droits qu'il tenait en France de la grâce de Dieu et du nom de ses ancêtres, devait s'occuper, tout le temps, d'égrener son chapelet, sous le froc qui lui servait de cuirasse, afin de conjurer par quelque exorcisme l'apostrophe de Satan ; aussi à la première occasion qu'il eut de fuir la tentation, il n'en demanda pas la permission à la diète. Mais on oublia, à son retour au pays, de lui faire faire quarantaine ; la peste qu'il nous rapporta de Pologne gagna la royauté française en 1789 : et en 1793 il n'en restait déjà plus rien, pas même le simulacre.

VII.

De la noblesse polonaise, par rapport aux travailleurs et aux paysans.

Le paysan, dans un pays ainsi gouverné, finit par devenir esclave, serf (*servus*), le Dace et le Gète des Romains, attaché à la glèbe par le manche de la charrue, à la charrue comme une partie de l'attelage ; instrument de travail et non homme libre, être de rebut, puisqu'il n'avait point de volonté à exprimer, de droits à faire valoir, de *veto* à émettre, de patrie à défendre ; devant la loi il ne trouvait que des maîtres, et il n'avait d'égaux que dans la souffrance et l'humiliation. Le tenancier du sol que les paysans fécondaient de leur sueur, était l'arbitre de leur sort, le maître de leurs personnes; il s'arrogea plus tard même le droit de vie et de mort (*potestatem vitæ necisque*). On demandait au noble : Combien avez-vous de serfs? de même qu'on lui disait : Combien avez-vous de paires de bœufs ? Chaque paire de bœufs correspondait à la possession d'un *morg* (arpent); chaque tête de serf marié correspondait à la possession d'une *wloka* (30 arpents); la première construction de phrase était l'ellipse de la seconde. C'est assez dire qu'il n'existait point de code pour régler les droits des serfs; tout l'art de les conduire se trouvait dans la tradition et dans la routine, précisément comme l'art d'élever les bœufs; on ne les fustigeait pas par caprice; on ne les tuait pas non plus pour son bon plaisir : on ne tue pas son âne ou son bœuf, quand on ne sait que faire. Mais que le serf fût un peu plus rétif et plus ombrageux que de coutume, là commençait le chapitre des peines, et des peines sans jugement, puisque le juge était le maître et la partie, et que la partie était l'exécuteur, lequel, lorsqu'il se sentait de sang-froid, confiait l'exécution à son homme d'affaires.

La noblesse, qui avait réglé ses droits respectifs, en se modelant sur la république romaine, régla ses rapports avec l'homme de la terre en singeant les prétentions de la féodalité d'Occident; car, à Rome, le paysan était peuple et même noble, et tout n'y était pas esclave dans la catégorie des travailleurs.

Cependant ces prétentions de la noblesse ne furent jamais si bien établies, qu'elles n'aient pas reçu de temps à autre de graves atteintes, et qu'elles ne lui aient été disputées par les rois les plus célèbres de l'histoire de Pologne. Le publiciste Cromer a contesté le droit de vie et de mort que les nobles s'arrogeaient sur leurs serfs. Nous voyons dans le chroniqueur Martin Gallus, que Boleslas-le-Grand, dans le xe siècle, se plaisait à s'entourer de douze conseillers pour rendre la justice au peuple (qui alors n'était pas exclusivement composé de nobles); il prenait soin de demander à chaque paysan, s'il n'avait pas quelque plainte à lui adresser contre son seigneur; et il n'épargnait pas le seigneur, dès que le paysan venait à lui signaler une grave injustice.

Dans le xive siècle, Kasimir-le-Grand reçut des nobles le surnom de *roi des paysans*, en dérision du soin que ce roi populaire prenait de protéger le pauvre serf contre les vexations des maîtres de la terre; et les nobles d'alors ne savaient repousser la médiation de l'homme juste, que par un misérable *quolibet*, dont l'histoire a fait le second titre de gloire de Kasimir! Le *roi des paysans* permit aux serfs de quitter leur seigneur *ipso facto*, dans les trois cas suivants : 1° dès que le seigneur attentait à l'honneur d'une paysanne; 2° lorsqu'il cherchait à s'approprier la fortune particulière, le pécule du paysan ; 3° enfin lorsqu'il était excommunié par l'église. Oh ! que l'église aurait pu être bienfaisante envers le peuple, au moyen de l'excommunication des grands ! il ne lui coûtait qu'un cierge renversé et une croix de bois brisée dans une sainte colère, pour rendre à toute la Pologne ses antiques libertés.

Quand la royauté devint explicitement élective, les nobles, par les *pacta conventa*, surent fort bien mettre un frein à cette manie de rendre la justice ; et les pauvres serfs se virent définitivement asservis.

Avant le Roi des paysans, le serf pouvait s'affranchir en Pologne, soit au bout de trente ans de servitude, moyennant une redevance qu'il payait au seigneur, soit en suivant son seigneur à la guerre comme domestique ; car les seigneurs polonais ont toujours eu un faible pour la bravoure ; il leur est difficile de s'imaginer qu'un homme brave et bon soldat puisse être autre chose qu'un homme libre ; à la première insurrection de la Pologne, vous verrez que les nobles, sur le champ de bataille, seront les premiers à demander l'affranchissement des paysans, et le droit de cité pour tous ces nouveaux braves ; la liberté civile de la Pologne a peut-être besoin de ce baptême de sang. Vive Dieu ! que ce baptême arrive vite, et que la France serve de parrain !

A une certaine époque, nous trouvons, entre les

serfs (*servi*) et la noblesse (*nobilitas*), entre les hommes de la glèbe (*glebæ addicti*) et les hommes d'armes (*militia*), une classe moyenne et pour ainsi dire bourgeoise, composée d'hommes libres, et qui avaient le droit de servir la patrie, à la suite des nobles. Les chroniqueurs la désignent sous les noms de *sculteti et cmethones*, dénominations du moyen âge, de *rustici liberi* (campagnards non serfs), d'*ignobiles* (citoyens sans noblesse), *vilani* (vilains ou habitants des environs des châteaux, du village). C'étaient des fermiers plutôt que des propriétaires; à l'armée, ils se plaçaient au troisième rang, sous les noms de *pauperes milites* (soldats sans fortune et sans apanage), *milites ex cmethone et sculteto creati* (soldats fils de fermiers et de métayers). Jusque vers le XIVe siècle, les intérêts de cette classe étaient placés sous la protection de la loi; mais Jagellon le Lithuanien, ayant promulgué une loi qui permettait au noble d'asservir tout *scultetum et cmethonem*, *inutilem et rebellem*, cette classe ne tarda pas à passer parmi les serfs; son état de liberté n'était-il pas une rébellion permanente?

Enfin, on remarquait, dans les villes de commerce, une quatrième classe, celle des étrangers (*hospites*), marchands forains et commerçants, juifs allemands, ou de toute autre nation, qui ne tenaient à la Pologne que par un comptoir, qui n'y étaient protégés que par les lois de l'hospitalité, et avaient droit de quitter le pays ou d'y rester, en se conformant à ses usages. C'étaient des hommes de finance et de négoce, qui ont, dans le fond de leur escarcelle, de quoi se faire bien venir en tout pays.

Ainsi la coutume faisait la loi du marchand, le caprice du maître celle du paysan. Il n'y avait en Pologne de jugés par leurs pairs que les nobles, qui réglaient leurs différends devant des juges de leur choix, d'après les traditions orales, les décrets des diètes, et motivaient leurs plaidoiries sur quelque considérant puisé dans le droit romain. Le droit canon réglait les droits du clergé, et il finit par empiéter sur tous les priviléges. De tout temps, avec sa crosse d'or, le clergé a su très bien tenir en arrêt la puissance du sabre; le clergé s'insinue, là où l'homme d'armes se contente, pour entrer plus vite, de briser les portes. Vous croiriez que le clergé en va pour cela plus lentement; c'est tout le contraire; il arrive plus vite, parce qu'il marche sans bruit; le clergé a de tout temps réalisé le paradoxe de Zénon : *C'est la tortue qui va plus vite qu'Achille.* Le clergé, dans toutes les régions féodales, vengeait les serfs de l'injustice des nobles; mais cette vengeance ne profita jamais qu'à lui.

Si nous cherchions, parmi nos institutions nouvelles, quelque chose d'analogue à la constitution civile de la Pologne des derniers temps, nous en trouverions le simulacre dans nos colonies, où nos colons ont droit de vie et de mort sur leurs malheureux esclaves, et où ils règlent leurs droits entre eux, après en avoir conféré avec un gouverneur investi de la puissance royale. La féodalité n'est pas tout-à-fait éteinte parmi nous ; elle a passé du sol dans le commerce d'épiceries.

VIII.

Décadence de la Pologne.

La Pologne, du temps d'Etienne Batory, et même de Jagellon, pouvait mettre sur pied en quinze jours plus de cent mille cavaliers, sans avoir un sou dans le trésor public, et sans faire battre la générale dans le royaume. Armée de nobles et de riches, dont le simple soldat s'équipait à ses frais aussi bien que le général, et avait son domestique au quatrième rang, pour le servir dans la boucherie des ennemis de la patrie. On improvisait en Pologne une armée au son du clairon; tout noble Polonais était de fait soldat; dès que la patrie se proclamait en danger, il enfourchait un cheval, sans avoir pris la peine d'aller tirer au sort, dans le chapeau de M. le maire du village : gouvernants et gouvernés à la fois, les nobles combattaient *pro aris et focis*, toutes les fois qu'ils se battaient pour la défense nationale; la noblesse était une garde nationale mobile, toujours sur le *qui vive*, pour protéger le pays contre l'ennemi du dehors, et les propriétés contre les pauvres paysans qui n'étaient plus rien dans l'État. Dans ce pays organisé sur le pied de guerre, le roi se passait de ministère : quel ministre de la guerre ou des finances de la Pologne aurait-il pu économiser trois millions, en une année, sur ses appointements de cent mille francs? Pas de fournitures à faire, pas d'argent à percevoir : pas plus de ministres ou hommes d'État que de Suisses! On ne cite dans l'histoire de Pologne ni grand capitaine, ils étaient tous trop bons soldats; ni grand ministre, faute de ministère; ni grands orateurs parlementaires, faute de fonds pour payer les paroles; ni grands journalistes de l'opposition dynastique, faute de subvention. Dès que le cri *aux armes!* se faisait entendre, ils jetaient, en l'air, un juron martial, un vote dans l'urne, sonnaient le boute-selle, allaient distribuer d'estoc et de taille des coups de sabre aux ennemis de la patrie; et, quand ils étaient fatigués de frapper et de poursuivre, ils revenaient, en délibérant à la diète, prendre un peu de repos.

C'était sans doute une belle et forte armée que cette réunion d'hommes animés d'un tel esprit de corps, et de cette spontanéité martiale; et tant qu'il ne fallut, pour vaincre, que l'accord de la force physique, de la bravoure et du dévouement au pays, l'armée des nobles polonais dut être et fut réellement invincible. Aussi pendant dix siecles elle n'a cessé de marcher sur le corps de tout ce qui la touchait d'un peu trop près, à droite, à gauche, par-devant et par-derrière. On voit, dans l'histoire, cette nuée de cavaliers bardés de fer, sauter d'un bond le Borysthène, ou franchir d'un saut les Carpathes, sans prendre leur escousse, et se demander, en arrivant à Dantzig ou à Riga, si par hasard l'Océan ne serait pas guéable.

Mais cette forte et vaillante constitution nationale portait en elle un germe de dépérissement et de mort: elle avait banni de son sein la loi du progrès humain, qui se développait librement, et sans entraves, dans toutes les régions circonvoisines. La Pologne restait stationnaire dans ses prétentions de caste et de priviléges, pendant que tout, chez ses ennemis, se perfectionnait et s'améliorait en économie politique et en stratégie. La diplomatie, ce procureur des camps, s'ingérait partout dans la stratégie, et dressait les plans de campagne, que la diète polonaise se contentait d'improviser.

Et c'est, quand tout marchait, contre la Pologne, avec cette unité qui centuple les forces, que, dans le but de conserver leur indépendance et leurs priviléges, les nobles s'appliquaient à morceler l'unité polonaise, en bâillonnant de plus en plus leur royauté dictatoriale, en bridant de plus en plus leurs malheureux serfs, et en repoussant du pied les bons et loyaux services d'hommes aussi braves qu'eux, en leur qualité d'enfants de la même terre, mais d'une bravoure impuissante et stérile, ayant un bras attaché au manche de la charrue, et l'autre derrière le dos. Les ennemis de la Pologne ne faisaient pas fi de cette catégorie de combattants, et ils ne manquèrent jamais de troupes fraîches et aguerries.

Les nobles républicains de la Pologne ignoraient les premiers principes d'une république fédérative, qui est d'être une et indivisible. Lorsque la république française mit la main à l'œuvre, contre tous les rois de l'Europe coalisés, elle commença, avant tout, par inscrire sur son drapeau une devise, qui donnât à ses trois couleurs l'unité du spectre solaire ; elle se garda bien, en marchant au combat, de laisser dans ses foyers un peuple qui ne fût pas elle-même ; il fut établi que quiconque avait une cabane, une hutte sur sa surface, avait une patrie et était enfant du pays ; les juifs eux-mêmes, qui depuis dix-sept cents ans n'avaient plus d'autre patrie que le ciel, devinrent avec acclamation citoyens de la France, et la France retira de ce contrat autant de profit que la Synagogue. N'attendez rien de sinistre des contrats que l'on signe sur l'autel de la patrie; Dieu est là pour en surveiller la rédaction avant, et l'exécution après. Ce fut alors que l'on vit tous nos nobles réunis aux Prussiens, ces héritiers des leçons du grand Frédérik, se laisser battre, dès le premier jour, par une armée de boutiquiers de Paris et de paysans de la campagne, attachés jusque là à la glèbe des nobles maîtres qu'ils venaient de rosser. Qu'auraient fait les mêmes nobles, par eux-mêmes, contre les Prussiens, si la république française ne s'était constituée que sur le pied de la république de l'ordre équestre polonais? La Vendée ne dut ses plus beaux faits d'armes qu'à la bravoure d'une nuée de paysans émancipés, commandés par une centaine de nobles armés et habillés en paysans de la Bretagne.

Et il ne faut pas croire que, contre nos soldats citoyens émancipés par la déclaration des droits de l'homme, Charles XII, Pierre-le-Grand et Fredérik, eussent mieux tenu pied que ne le firent Cobourg, Brunswik, et ce Souwarow, jusque là invincible et inexorable, et qu'un seul lieutenant de Masséna fit battre en retraite au pas de course, de telle sorte qu'il n'en fut plus parlé depuis.

La Pologne au contraire, aussi vaste que la France et aussi brave qu'elle, finit par n'être pas plus forte, tout entière, que n'aurait été le seul palatinat de Varsovie; la noblesse épuisait ses forces et n'avait point à attendre de recrues; elle se divisait contre des unités. Des ennemis innombrables sur toutes les frontières, et d'autres ennemis dans ses cent mille manoirs; un roi forcé d'obéir à chacun de ses nobles soldats, à cent mille volontés nationales; un peuple immense tenu dans une passiveté onéreuse et hostile! mais en vérité Alexandre, César et Napoléon ne se seraient pas hasardés à accepter le grade de simples caporaux, dans le cadre d'une armée organisée sur un tel pied de paix et de guerre.

Cet état de choses en général était donc plutôt une anarchie gouvernementale qu'un gouvernement *sui generis;* or il n'y a pas de pire anarchie que celle de l'aristocratie; elle est incurable, comme tout ramollissement du cerveau.

La décadence de la Pologne commence à se prononcer au règne de Louis, roi de Hongrie, se formule à l'interrègne de Henri de Valois, notre compatriote, éprouve un temps d'arrêt sous Sobieski, illustre guerrier, mais qui ne sut régler ni ses affaires de famille ni celles de la Pologne. Il était réservé à la politique des Czartoryski et des Poniatowski de hâter la chute de ce système, et de signer la confiscation de la Pologne, au profit des trois puissances, qui la convoitaient depuis si longtemps, avec un œil de pirate et d'épervier.

Quelle destinée que celle de Stanislas, auguste de nom et comme par antichrèse! amant préféré de Catherine II; devenant, avec le titre de roi, son préfet de police à Varsovie, lorsque Catherine eut besoin de changer d'amant! il prêta les mains aux trois partages presque consécutifs, qui, de 1772 à 1795, démembrèrent sa noble et antique patrie; et quand il ne lui resta plus entre les mains que sa couronne veuve de tous ses joyaux, il alla la déposer aux pieds du czar, qui la relégua dans son garde-meuble. La royauté, de quelque calibre qu'elle soit, est désormais impossible en Pologne; elle a donné son bilan, Dieu merci! L'invasion croit en avoir pris la place; c'est une erreur: elle est venue à l'école mutuelle de l'insurrection; quand tout sera prêt pour la distribution des prix, elle ira répéter sa leçon à ses augustes maîtres; et les peuples achèveront ensuite leur éducation par le monde, et sans crainte d'offenser leurs grands parents. La Pologne asservie ou faisant semblant de l'être, élève des Pestel à la Russie; et cette antique querelle qui divise depuis trop long-temps les Moscovites et les Polonais, finira par une transaction fraternelle, sur l'autel de la liberté et de l'égalité.

IX.

Causes de l'insuccès des insurrections nationales qui ont éclaté en Pologne.

La noblesse a eu toujours deux torts en Pologne : celui de croire qu'à elle seule, et livrée à ses propres forces, elle suffirait à protéger ou à reconquérir l'indépendance nationale ; et celui de croire que les serfs, si bien bâillonnés qu'ils fussent, ne songeraient jamais à recouvrer leur individualité et à réclamer leur part de nationalité.

Il prit un jour fantaisie à un noble polonais de faire, à un paysan de son fief, un de ces outrages que le grand homme, de quelque rang qu'il soit, ne lave que dans le sang de l'offenseur. Il se trouva que l'offensé était un grand homme. Ce serf spolié de ses propriétés, prend sur ses épaules les cadavres sanglants de sa femme et de son enfant ; il les dépose aux pieds des Cosaques, et leur demande vengeance au nom de ses droits d'époux et de père. Aux cris de Bogdan-Chmielnicki, ces peuples libres se lèvent, pour voler au secours d'un peuple esclave, et ils le choisissent pour Attaman. Cent mille combattants sont déjà sous les armes, terrible noyau d'une armée qui grossit à chaque instant de la foule des paysans polonais ! La noblesse polonaise n'était pas en état de mettre sur pied le quart d'une armée aussi nombreuse. 360,000 soldats implacables s'avançaient de victoires en victoires, de massacres en massacres, sous la conduite d'un paysan, pour venir livrer bataille aux généraux de Jean Kasimir, qui furent battus en 1648. Mais Chmielnicki, pas plus que son armée, n'avait aucune idée de réforme sociale; la haine était son guide, la vengeance son ambition; il fit la guerre en brave, sans savoir où il voulait aboutir; s'il l'avait su, la Pologne avait son 1789 dès 1650. Révoltés, soyez désormais réformateurs; parlez moins à la haine des opprimés qu'à la sympathie des hommes; la haine passe vite au cœur de l'homme; elle ne fonde jamais rien qui dure, car rien ne dure que ce qu'on ose avouer. A la mort de l'implacable Chmielnicki, le paysan polonais retomba dans le servage.

La noblesse polonaise y tomba plus tard à son tour: elle fut serf des tzars; dès ce moment, elle songea à la révolte; et elle tenta, à son tour, les chances de l'insurrection. Mais elle échoua, dans toutes ses tentatives de confédération, de 1768 à 1772; et cela devait arriver: on ne s'insurge bien que de compte à demi avec le peuple: la noblesse polonaise ne l'entendait pas ainsi.

En 1789, la noblesse eut l'air de faire un appel à la révolution française; la France républicaine, en enrôlant ses légions, dès 1795, sous ses drapeaux, rendit hommage à sa bravoure chevaleresque et à sa loyauté nationale; mais elle sembla se méfier de ses principes politiques; elle y voyait quelque chose d'anti-républicain, malgré leur titre, et elle fit peu mine de s'immiscer dans les affaires d'un pays dont les valeureux guerriers n'étaient pas, sous tous les autres rapports, à sa hauteur politique.

Napoléon lui-même, dont aucun noble Polonais, aujourd'hui encore, ne prononce le nom sans porter la main au shako, Napoléon fit fort peu pour la Pologne; il ne s'expliqua pas mieux sur ce qu'il avait intention d'en faire plus tard; il y avait, à ses yeux, au fond de la question, une difficulté qu'il ne se sentait pas la force de résoudre: il était trop juste appréciateur des beaux faits d'armes, et des services militaires, pour chercher à blesser les susceptibilités nationales ou de caste de ses nobles bataillons polonais; mais, d'un autre côté, il était trop bon Français, pour perdre de vue la cause des paysans en Pologne. Il compta peu de paysans Polonais, il est vrai, dans son armée; et ce fut une calamité pour la Pologne et pour nous, dans le désastre de Moscow; toutes les glaces du Nord et tous les incendies des villes n'auraient pu arrêter sa marche envahissante, s'il avait pris soin de laisser sur ses traces, et de la mer Noire à la mer Baltique, un peuple immense retrempé dans les nouvelles doctrines de l'indépendance et de la liberté.

Kosciuszko seul, dès 1794, avait conçu largement et sous un point de vue nouveau, c'est-à-dire sous le point de vue antique, la question de l'indépendance polonaise : nourri à l'école française, il prit l'habit du paysan, proclama en *sans-culotte* la liberté de sa patrie; et les paysans accoururent sous ses drapeaux : ils n'avaient pas d'armes, ils saisirent leurs faux, et se mirent à moissonner les armées russes, comme des engrais verts, pour féconder leur sol. On vit des simples artisans, un banquier (qui le croirait, au sein de l'agiotage de nos bourses de commerce?), conduire les Polonais à la victoire, et chasser les Russes de Varsovie à coups de trique, comme on chasse des loups du bercail.

Mais l'âme de Kosciuszko ne fut pas comprise par les nobles; on l'entrava au lieu de le seconder; la noblesse amortit l'élan, crainte que la direction ne lui échappât dans le triomphe. Quand Kosciuszko endossa l'habit de paysan, le paysan devina l'allégorie; la noblesse n'y vit qu'un goût de canaille, et elle recula d'épouvante, quand elle y découvrit une idée, au lieu d'un simple vilain goût. Ce grand homme tomba blessé entre les mains de l'ennemi, et nul ne reprit sa place; il avait paru trop tôt sur la scène de la révolution polonaise; il n'y laissa qu'un exemple et une leçon.

Kosciuszko a manqué à la Pologne, dans sa dernière tentative de révolution du 29 novembre 1830; la Pologne a dû succomber, malgré ses prodiges de bravoure, par les mêmes causes qu'en 1795, par suite d'un contre-sens national qui, depuis cinq siècles et plus, ronge au cœur, comme un chancre politique, la noble race des Slavons.

Que signifie, en effet, cet appel que la noblesse de Pologne fait au peuple, dès qu'elle a l'espoir de recouvrer son indépendance nationale, à ce peuple qu'elle ne reconnaît pas comme partie intégrante de la nation? Que l'esclave serve son maître avec ponctualité, c'est le droit du plus fort qui l'y oblige; mais qu'il affronte la mort pour défendre les droits uniques du maître, ce serait là un dévouement de chien fidele : l'homme n'est pas né avec cette qualité-là. L'esclave, né malin, se rit de son maître en danger; le danger du maître est une chance de liberté pour lui. Les paysans russes et polonais ont droit de se réjouir, quand il y a guerre entre les boïards moscovites et les castellans; que feraient-ils de mieux, en prenant parti pour leurs maîtres? ils retarderaient d'autant la solution de la question qui les intéresse personnellement.

Mais qu'un jour la noblesse polonaise inscrive sur son drapeau deux mots de plus seulement, et les voici : *Indépendance* DE LA NATION et *liberté* DU PEUPLE ; vous jugerez de la différence de l'insurrection avec les insurrections précédentes; je vous réponds des paysans comme de moi, qui ai l'honneur de descendre, en ligne directe, de l'un de ces serfs de notre vieille France, qui, en 1789, brisant l'anneau par lequel ils tenaient à la chaîne féodale, contribuèrent, pour leur 25 millionième de part, à l'émancipation désormais éternelle de ma patrie.

Mais jamais leçon, si forte qu'on l'ait reçue, n'a profité à l'esprit de caste. Un noble chevalier, cuirassé de ses armoiries, se laisse assommer comme une tortue, plutôt que de se rendre et de se laisser relever. S'il exista dans l'histoire une occasion magnifique, pour modifier ces prétentions qui ne sont plus de notre époque, ce fut certainement lorsque l'écho annonça à Varsovie qu'en trois jours de la semaine, Paris venait de culbuter, d'une seule poussée, l'ouvrage de trente années de replâtrage gouvernemental. La Pologne entière dressa l'oreille au bruit de cette merveille historique; la phrase n'était pas achevée, qu'on l'y savait par cœur; la ville marcha droit, et comme un seul homme, au palais du grand-duc Constantin, et sans avoir attendu le mot d'ordre des sociétés secrètes qu'elle réchauffait depuis si long-temps dans son sein. Les sociétés secrètes sont bonnes pour préparer le peuple à l'émancipation; mais le peuple va toujours plus vite qu'elles, dès que l'instant propice est arrivé.

Nous avions mis trois jours à l'œuvre, Varsovie n'eut besoin que d'une nuit, de la nuit du 29 novembre 1830! Le 30, au matin, Constantin était déjà fort loin, occupé à secouer la rosée qui l'avait trempé chemin faisant, et à saluer des yeux ce palais, dont il était sorti par une porte secrète, de la manière qu'y rentrent ordinairement les conspirateurs.

« C'est fort drôle, ma foi! devait-il se dire en lui-même. Que se passe-t-il donc en histoire universelle? C'est par la grande porte que les *Carbonari* viennent d'entrer dans mon palais, et leur nom au chapeau! Décidément ce sont les conspirateurs qui règnent et gouvernent; les rois ne sont plus bons à rien, pas même les vice-rois. »

Tout avait été bien jusque là; le peuple n'était pas venu bavarder dans une diète, pour marcher de là à la conquête de sa nationalité.

Mais, quand tout fut fini, les magnats accoururent des quatre coins de la Pologne, en qualité de sauveurs de la patrie. Les sauveurs sont la plaie des révolutions populaires. Les nobles eurent soin de venir seuls et confiants dans leurs propres forces, comme du temps de Boleslas-le-Grand, seuls et sans leurs paysans. Nos Larochejacquelin de 1793 furent plus habiles, en se montrant meilleurs chrétiens; et c'est en marchant à la tête de leurs pauvres et braves paysans, qu'ils firent un instant trembler même les assemblées du peuple; et ce n'est qu'avec des soldats et des généraux paysans que la république parvint à écraser la Vendée insurgée!

Les nobles polonais, essentiellement diplomates, surtout ceux qui avaient hanté la cour du Tzar et celle de son frère, se mirent à tracer des plans de campagne sur les tapis verts des ambassadeurs, pendant que les plus braves enfants de la Pologne, se ruant sur le champ de bataille, compliquaient les difficultés des négociations. Ces victoires nombreuses, par lesquelles une poignée de braves insurgés a étonné le monde, épouvantaient presque autant la diplomatie polonaise, qu'elles exaspéraient le Tzar; chaque beau fait d'armes dérangeait un de ses calculs; si elle l'avait osé, elle aurait fait un décret, pour limiter le nombre des actes de bravoure, et indiquer les bornes milliaires, au-delà desquelles il ne devait plus être permis de pourchasser les pauvres Russes, qui fuyaient, embarrassés comme des ours, devant des lions indomptables. A chaque triomphe de la cause polonaise, la diplomatie s'arrachait une poignée de cheveux, et se frappait le front contre la muraille, en s'écriant: *Que va dire l'auguste autocrate de toutes les Russies, de ce que nous n'avons pas pu empêcher qu'on ne rosse ainsi ses plus braves soldats?*

On la voyait alors, singeant nos hommes du lendemain, parler des victoires populaires sur le ton d'un enterrement, ralentir l'élan de la jeunesse, en inspirant de la défiance aux vieillards, et porter partout une main de glace sur ces cœurs palpitants d'enthousiasme pour la patrie. Cauchemar d'une grande nation, la diplomatie ne permet à de nobles poitrines que les soupirs et le râle de l'oppression; aussi, la Pologne, ainsi paralysée et désorganisée par des occultes mauvais vouloirs, marcha de victoire en victoire à sa ruine, guidée par la faiblesse et la trahison de ses bureaux. Les diplomates polonais furent joués par la diplomatie étrangère, et la Pologne plus asservie que jamais. Triste et nouvelle leçon sans doute que la fortune a voulu donner aux prétentions de la noblesse! Il nous semble que c'est assez comme cela, et que la leçon aura profité à tout le monde!

Quand un peuple s'insurge, il doit mettre sa diplomatie au bout d'une baïonnette, et aller en avant prendre d'assaut les tapis verts; on a toujours assez de temps, pour bavarder et tailler des plumes, quand on est parvenu à se rendre maître du local de la discussion. En attendant, on se sert d'un tambour pour table à écrire, d'une feuille de route pour papier, d'un peu de sang ennemi pour encre; et après le salut d'usage, on présente l'*ultimatum* à la pointe de l'épée; la diplomatie extraordinairement polie, surtout dans les grandes occasions, ne fait pas attendre la réponse. C'est ainsi que s'y prenait la république française; et elle ne s'est jamais amusée à échanger des billets doux avec la coquetterie de la diplomatie des cabinets; elle lui faisait caresser la taille à coups de plat de sabre, par nos enfants de la patrie, beaux de leurs cadenettes et de leurs moustaches de quatre ans; et la noble dame comprenait ce langage bien mieux que les marivaudages officiels.

Lorsque la Pologne se sentira les reins assez forts pour se constituer en république, elle n'aura plus d'autre diplomatie que celle-là; et le cabinet russe lui répondra dès-lors d'Archangel ou de Tobolsk. Attendons encore quelque temps : la Pologne, éparpillée sur toute la surface de la terre, s'occupe, dans ce moment, de méditer la leçon de septembre 1831. Elle connaît les causes de sa dernière chute. La noblesse, désappointée par sa mystification, a eu soin de la formuler assez explicitement, dans la note transmise, par le prince Czartoryski à Lafayette, et que le général a lue à la Chambre des députés, le 20 septembre 1831. Il est bon de transcrire cette note en grosses lettres, en lettres saillantes et tumulaires; c'est l'épitaphe de la Pologne gravée par un de ses médecins :

NOUS NOUS SOMMES REPOSÉS SUR LA NOBLESSE ET LA SAGESSE DES CABINETS; EN NOUS Y FIANT, NOUS

N'AVONS PAS TIRÉ PARTI DE TOUTES LES RESSOURCES QUI S'OFFRAIENT INTÉRIEUREMENT ET EXTÉRIEUREMENT; NOUS VOULIONS EN CELA GAGNER L'APPROBATION DES CABINETS, MÉRITER LEUR CONFIANCE, ET OBTENIR LEUR APPUI; NOUS NE NOUS SOMMES JAMAIS ÉCARTÉS DE LA PLUS STRICTE MODÉRATION, CE QUI A PARALYSÉ BIEN DES EFFORTS; SANS LES PROMESSES DES CABINETS, NOUS AURIONS PU FRAPPER UN COUP QUI, PEUT-ÊTRE, EUT ÉTÉ DÉCISIF; NOUS CRUMES QU'IL FALLAIT TEMPORISER.

Malheur à l'homme qui cherche à enrayer le char d'une révolution, quand elle a pris sa course; avec les meilleures intentions personnelles, il n'aura travaillé qu'à la ruine de son pays. Dès que l'étendard de l'insurrection nationale se déploie chez un peuple long-temps esclave, il n'y a que deux rôles possibles, celui de Charette et de Larochejaquelin en France, ou celui de Washington en Amérique; ce n'est que dans cette ligne qu'on peut s'attendre à un triomphe durable ou à une défaite glorieuse; le rôle de temporisateur que jouent depuis 1763 les Czartoryski en Pologne, et que Lafayette a tenté de jouer depuis 1791 en France, n'aboutit qu'à une mystification. Or, qui ne pleurerait, avec des larmes de sang, une mystification qui a coûté des flots de sang à un peuple libre?

Ah! que les cabinets, qui avaient tant pâli devant l'invincible bravoure de l'insurrection, ont dû rire de la mystification avalée jusqu'à la lie par la noble diplomatie polonaise ! L'affront est sanglant, et il tache; il me semble qu'à la place des nobles polonais, si entiché que je fusse des priviléges de ma caste, je n'y tiendrais pas, jusqu'à ce que j'en eusse obtenu vengeance; je rendrais hardiment la liberté à tous mes serfs, et j'en ferais des compagnons d'armes, afin de réhabiliter au plus vite l'honneur de la diplomatie polonaise, qui sera invincible et infaillible, quand elle n'aura pour guide qu'un drapeau, et pour devise que ces deux mots: *Liberté du peuple entier, Indépendance de la nation entière.*

La noblesse du temps des Jagellon et des Batory aurait peut-être senti de cette manière. Il faut que la noblesse polonaise ait dégénéré! quarante ans d'insultes de la part de la Sainte-Alliance ne l'ont pas encore amenée à comprendre la question sous ce rapport; et la question est pourtant inintelligible autrement.

X.

Émigration polonaise.

En dépit de tout l'avantage qu'offrait, aux manœuvres stratégiques de l'ennemi, ce préjugé des châteaux, qui est le chancre de la constitution civile de la Pologne, la bravoure des Français du

Nord ne put succomber que sous la trahison et le mensonge. La puissance de la diplomatie fit seule le succès de la Russie. Honte à la France gouvernementale! elle a contribué pour sa part de mystification à ce genre de succès. Les Français, entre tous les peuples libres de l'Occident, ont eu hâte de prouver, aux braves débris de la cause vaincue, qu'ils avaient les mains nettes des calculs de leur gouvernement; et la confraternité française a dû noblement venger les restes des légions polonaises, de la boue que le cabinet prussien leur jetait en passant; la boue en est restée aux doigts du duc de Brandebourg, avec quelques gouttes de sang versé dans le guet-apens de Fischau (1).

(1) Après avoir réuni, sur la frontière, les Polonais qui s'étaient jetés désarmés sur ce territoire neutre, les Prussiens essayèrent de les refouler par les armes sur le territoire de l'ex-royaume de Pologne, qui appartenait déjà à la domination moscovite; et quand ces malheureux exilés refusaient de prêter les mains à ce calembourg atroce, on tirait sur eux comme sur des rebelles. C'est ainsi que, le 27 janvier 1832, cinquante Polonais désarmés tombèrent blessés ou tués à Fischau. L'histoire des gouvernements absolus ne fait pas mention d'une lâcheté semblable. Quand nous retournerons en Prusse, nous réglerons ce compte là, ainsi que d'autres. Nous invitons le sieur de Humboldt, qui vient, en toute liberté, se pavaner dans un des fauteuils de notre Institut, alors que nos savants sont saisis et garrottés, dès qu'ils mettent le pied sur la frontière de Prusse, nous l'invitons à transmettre à son gracieux *souferain*, cette note secrète et diplomatique, présentée au nom collectif de la jeunesse française, italienne, allemande et prussienne, qui ne forme plus aujourd'hui qu'une seule et même génération.

Quoi qu'il en soit, et que Sa Majesté prussienne en pense, et pour en revenir à notre triste et intéressant sujet, la défaite avait passé le niveau sur les prétentions de caste et de préséance; l'égalité que la morgue heureuse repousse, l'infortune l'établit comme un bienfait commun. Nobles, bourgeois et paysans polonais, les vaincus s'éloignaient, égaux par leur malheur, des lieux témoins de leur bravoure et accusateurs de l'inégalité de leurs conditions; ils portaient tous la même besace, frappaient aux mêmes portes, pour demander l'hospitalité; et quand elles s'ouvraient devant eux, ils y entraient dans l'ordre que les accidents de la marche et de la fatigue avaient établi sur la route, et non plus par rang de grade et de condition. Le malheur est le plus rapide réformateur du monde! puisse la réforme improvisée ainsi dans le pèlerinage vers les pays lointains, revenir dans la patrie, tambour battant et mèche allumée! La patrie préparée à l'innovation, par bien des souffrances domestiques, la recevra cette fois-ci à bras ouverts et pour toujours.

Cependant, il faut le dire, avec autant d'empressement que l'on signale une exception à une règle générale, ce mouvement progressif de l'émigration polonaise n'a pas tout entraîné vers les doctrines de réforme sociale, qui préparent, dans le lointain, les destinées de la Pologne future. Les partis nationaux se sont dessinés de nouveau dans l'exil; les prétentions de caste ont repris la force de leur influence; et le baptême de l'expatriation n'a pas effacé tous les vices de la constitution de l'antique Pologne. Les deux catégories de nobles et de serfs existent encore dans la terre d'exil, non pas en fait (tout homme qui met le pied sur le sol français est libre), mais en principe; et malheureusement un tel principe est une semence qui n'attend qu'un terrain propice, que le sol natal, pour y reproduire de toutes pièces le passé, si le sol y est préparé de la même manière. Que ne puis-je étouffer dans son germe ce principe empoisonné!

Non pas que je m'arroge le droit de m'immiscer avec compétence dans les graves questions qui divisent malheureusement encore la Pologne, de prendre parti pour un parti, et de combattre dans ses rangs contre un parti contraire. Citoyen français, je dois rester neutre, comme contribuant, pour mon trente-trois millionième de quote-part, à l'hospitalité que la France s'honore d'accorder à tous nos frères malheureux; ce qui, en fait d'une hospitalité aussi mesquine, n'est presque rien par ses résultats, mais n'en est pas moins une chose sacrée dans son essence. Dieu me préserve donc de jeter le blâme sur l'infortune aux prises avec l'infortune! Français, respect aux dissensions de la Pologne! Mais démocrate, et quelque chose de mieux encore, avant tout, sympathie et assentiment aux principes démocratiques du parti qui s'apprête à importer en Pologne, une république moins marâtre, envers les races slaves, que ne l'était la république des nobles et des palatins ! ma sympathie est de ce côté-là, si mes égards et mes déférences sont pour tout le monde. Après avoir pris les réserves de l'homme de parti, je vais me renfermer dans le rôle d'historien impartial et fidèle des actes de l'émigration polonaise.

A peine, avons-nous dit, tous ces débris glorieux d'une noble cause vaincue, traqués de ville en ville par les gouvernements absolus, eurent-ils mis le pied sur le sol d'une terre libre, qu'avec le souvenir de la patrie, se ravivèrent, entre eux, les divisions intestines qui avaient été l'unique cause de leurs revers. Les trois partis, qui divisent aujourd'hui la France et le monde entier, tout aussi bien que la Pologne, se sont reformés de nouveau parmi les Polonais émigrés : le parti de l'aristocratie et des priviléges; le parti de la démocratie, ou parti de l'égalité des droits; enfin un parti métis et indécis, qui goûte personnellement les principes du parti démocratique, et craint de froisser la susceptibilité du parti aristocratique. Démocrates par leurs sympathies, aristocrates par politesse et déférence, façonnés, par les errements de l'obéissance passive, à n'avoir que des sentiments généreux et non des opinions arrêtées, ceux-ci pourtant n'offrent rien, ni dans l'âme ni dans l'esprit, d'analogue à notre *juste-milieu* français ou anglais; car l'aristocratie des gros sous ne forme point un parti en Pologne. Les deux premiers partis s'apprêtent à s'emparer de la direction de l'insurrection nouvelle; le troisième ne fait des vœux d'abord que pour une chose, qui est de chasser les Moscovites loin de son beau pays, sauf plus tard à s'occuper plus activement du reste.

L'aristocratie, composée presque entièrement de nobles, tous riches propriétaires, braves et loyaux, mais encore imbus des vieux préjugés de la préséance des castes, tient au pouvoir sur lequel se basent ses droits de propriété. La démocratie, agrégation d'hommes braves autant qu'instruits, dévoués aux intérêts de la patrie et indifférents sur leurs intérêts personnels, jeunes gens pleins de foi dans les destinées du peuple, et qui ne voient que le peuple à travers tous leurs projets; conspirateurs, tant qu'il y aura des tyrans dans leur patrie, organisateurs radicaux, dès que les tyrans en auront été expulsés; sans haine contre leurs adversaires, mais sans ménagement pour les prétentions hostiles à leurs principes. C'est une génération toute nouvelle, et qui fait table rase pour préparer la constitution du pays : elle ne s'amuse pas à placer çà et là quelques étais à un édifice national lézardé, crevassé, miné de fond en comble par un travail de plusieurs siècles; on ne bâtit rien de solide avec cette méthode : il vaut mieux démolir jusqu'aux fondements, tracer un plan nouveau, et construire un nouvel édifice; cela demande moins de temps, quand tout le monde met la main à l'œuvre.

Avec ces différences dans les vœux et les projets, il est naturel que les deux partis offrent de grandes différences dans leurs allures.

L'aristocratie diplomatise, alors que la démocratie a le verbe haut. La première dissimule, concède, caresse, sollicite, souscrit, et trempe le doigt dans l'eau bénite des Cours, pour asperger ses partisans de quelques signes d'espérance. La démocratie répond *Oui* ou *Non*, à haute et intelligible voix; et quand elle a fini de parler, elle tourne le dos à qui refuse; c'est à prendre ou à laisser; quiconque n'est pas pour elle est contre elle; et elle ajoute : *J'ai dit*, et pas un mot de plus. C'est le langage de la force matérielle et de la raison qui est la reine du monde.

L'aristocratie attend son salut des cabinets; car elle voudrait bien pouvoir se passer du peuple de ses serfs. La démocratie n'attend rien et ne veut rien accepter que du concours de tout le peuple, y compris les riches, s'ils le veulent, et en dépit d'eux, s'ils ne le veulent pas; à la place des riches je le voudrais, moi, et je trouverais mon intérêt dans cette adhésion de conscience.

Les gouvernements absolus choient, flattent, bercent et ménagent la fraction aristocratique; ils pensent trouver en elle une muselière contre le brutal qui fait l'endormi. Il n'y a pas jusqu'à notre gouvernement blafard, qui ne redoute et ne surveille de près le parti démocratique : dans ces démocrates, il entrevoit déjà des républicains; et la république n'est pas cousine de la démocratie qu'il affiche quelquefois, et par mode de passe-temps.

L'aristocratie polonaise prend ses quartiers d'hiver près des Tuileries, et ses vacances d'été aux environs de Fontainebleau ou de Saint-Cloud. On a long-temps défendu à la démocratie de s'approcher de Paris, plus près que la Loire, les Cévennes et les Vosges; et le télégraphe donnait encore quatre fois par jour le bulletin de ses cantonnements.

Les aristocrates, riches et bien vus, mènent chez nous la vie des ambassadeurs et diplomates. Les démocrates, pauvres, ardents et studieux, prient et espèrent, comme l'on prie et qu'on espère dans la persécution : rien ne les distrait du souvenir des maux qu'endure la patrie; ils souffrent aussi loin d'elle, et apprécient ses maux par les leurs.

Toutes les faveurs du cabinet français sont pour l'aristocratie; toute la sympathie française se prononce hautement pour la démocratie, et lui prodigue ses consolations. Le gouvernement a eu beau l'expulser, la bâillonner, la traquer de ville en ville: il n'est parvenu ni à l'écraser, ni à la fléchir. Reléguée au bout de la France, elle trouvait encore le moyen de servir la cause de son pays, avec bien plus d'activité que ne le fait l'aristocratie; et le peu de repos que la haute surveillance lui laissait, elle le consacrait à soutenir le courage de ses frères. Quand ces jeunes adeptes d'une sainte cause étaient las de cet état de gêne et de servitude, on les voyait reprendre la route de la Pologne par des chemins détournés, apôtres des doctrines nouvelles qu'ils prêchaient dans les cabanes des serfs et dans les cavernes des proscrits; et ils finissaient, pieux martyrs, par aller recevoir la couronne de leur croyance, dans les mêmes lieux où leur bravoure avait laissé de si glorieux souvenirs.

Fiers Sicambres, humiliez-vous devant la religion nouvelle, la religion qui proclame les hommes égaux devant Dieu, et les peuples enfants de Dieu et de la terre! Elle a déjà ses apôtres et ses martyrs: donc son *labarum* est invincible; qu'il se déploie une seule fois! et cela suffit. La liberté de tous, voilà désormais la divinité de la Pologne; c'est l'antique divinité des Slaves, ne la reniez pas. Riches, vous l'aimerez quand vous l'aurez regardée de plus près: elle apporte la paix à la grande famille, et la guerre implacable à ses ennemis:

quelle meilleure nouvelle pourrait-elle vous apporter à tous?

Ne conspirez-vous pas, en France, en Angleterre, dans un esprit commun, qui est de chasser l'ennemi du sein de votre patrie? Le but étant le même, pourquoi vous séparez-vous de ceux qui l'avouent hautement et à la barbe des ambassadeurs? La diplomatie énerve la conspiration, car elle lui prête les traits de la trahison.

La société démocratique polonaise ne diplomatise que d'après la méthode de Franklin : elle trompe l'ennemi, en lui disant toujours l'exacte vérité. La tactique de vos négociations ne lui prouve que la faiblesse de vos ressources.

Tel est l'esprit qui anime les deux catégories d'émigrés polonais; passons à leurs actes respectifs.

Déjà, en 1831, une trentaine de Polonais réunis à Paris organisèrent un comité, à la tête duquel ils placèrent M. Bonaventure Niemoïowski, dernier président du gouvernement national de la Pologne. Le nombre des émigrants augmentant de jour en jour, ce comité fut remplacé par un nouveau, sous la présidence de M. Joachim Lelewel; il était composé de MM. Valentin Zwiérkowski, Léonard Chodzko, Roman Soltyk, Thadé Krempowitcki, Antoine Przeciszewski, Charles Kraïtsir, Antoine Hlusniéwicz, Adam Gurowski, Valérien Pietkiéwicz, secrétaire, Charles-Edouard Wodzinski, trésorier. La mission de ce comité était de veiller sur les intérêts de la cause nationale et sur le sort des Polonais expatriés ; d'être l'interprète de leurs vœux et le défenseur de leurs droits, auprès des gouvernements ; d'entretenir des relations suivies avec les ex-membres des divers pouvoirs nationaux, et avec les comités établis en faveur de la cause de la Pologne, tant dans la mère-patrie qu'à l'étranger ; de correspondre enfin avec leurs compatriotes. Ce comité entra aussitôt en fonctions : il adressa une foule de lettres de remerciement aux comités organisés pour pourvoir aux premiers besoins de l'émigration ; il publia des proclamations, des adresses, des pétitions aux chambres législatives de France et d'Angleterre.

En même temps des dépôts d'émigrés se formaient à Avignon, Châteauroux, Besançon et Bourges ; chacun d'eux avait son *conseil économique ;* et l'émigration rentrait de nouveau dans le mouvement de la vie publique, comme si la patrie tout entière l'avait suivie dans l'exil. Le gouvernement national de la Pologne avait transporté son siége chez ses alliés naturels ; il y organisait en sûreté les représailles prochaines de la grande famille polonaise.

Mais, bien qu'animé d'intentions droites et sincères, le comité satisfit peu l'attente de la portion ardente de l'émigration ; une marche lente et incertaine, des principes vagues et peu nettement formulés, des opinions tièdes et un tant soit peu entachées de tendance vers les idées du passé et d'aversion pour les réformes radicales, et rien, ni dans ses écrits ni dans ses actes, qui portât le cachet insurrectionnel, auquel on reconnaît la fièvre des grandes et promptes mesures.

La jeunesse émigrée, impatiente de ces lenteurs, se sépara de ce comité, et fonda la *Société démocratique polonaise*, le 17 mars 1832. Les dissidents publièrent aussitôt, en polonais et en français, avec l'acte de fondation et les statuts de la société, les motifs qui les avaient forcés de rompre avec le comité du 8 décembre, et ils proclamèrent en principe, que la Pologne devait s'attendre à trouver son salut, non pas seulement dans une insurrection, mais dans une révolution radicale et démocratique.

C'est dès ce moment que l'émigration commença à se partager en deux nuances bien tranchées, en deux partis prononcés : le parti de l'aristocratie et celui de la démocratie. Entre ces deux partis, la masse de l'émigration resta un instant flottante ; il n'y aurait jamais de parti possible, si lès masses savaient promptement prendre un parti.

L'aristocratie comprit plus vite le coup que cette hardie séparation portait à ses négociations diplomatiques et à ses projets de réhabiliter le passé. Elle s'occupa, dès le premier moment, d'éloigner, du centre de ses manœuvres, cette jeunesse énergique et bouillante, qui, debout sur les ruines de sa patrie, venait, de nouveau, de prendre corps à corps, et le colosse de la Russie et les mauvaises institutions du pays. Le comité aristocratique envoya dans toutes les directions des agents affidés, avec mission d'aider le gouvernement français, dans le projet que le ministère avait formé, de transporter l'émigration polonaise sur les côtes d'Afrique; d'un autre côté, elle conçut le plan d'une délégation centrale, qui aurait été composée exclusivement de généraux. Mais, ni menaces, ni prières, ne furent assez fortes pour amener l'émigration à prendre du service dans la légion étrangère; le gouvernement se vit dans la nécessité de refuser sa sanction officielle à ce malheureux projet.

La loi du 21 avril 1832, contre les réfugiés, ayant été promulguée, le parti aristocratique sollicita du gouvernement l'autorisation d'introduire une espèce de discipline militaire dans l'émigration polonaise; mais l'exécution de ce plan ayant offert des difficultés trop graves, le gouvernement se contenta d'instituer des commandants de dépôts, sans la permission desquels il n'était permis à aucun réfugié de s'éloigner de sa résidence, et devant qui chacun d'eux était tenu de se présenter une fois par semaine.

Par cette mesure, l'aristocratie obtenait, sinon la soumission, du moins la direction de l'émigration tout entière; elle avait un moyen matériel d'influence; et elle s'en servit aussitôt, en obtenant, des conseils de dépôts, une adresse au prince Adam Czartoryski, dans laquelle les signataires conféraient au prince leurs pleins pouvoirs, pour entrer en négociation avec les puissances étrangères, au sujet des affaires de la Pologne; en même temps, on y émettait le vœu de la formation d'un nouveau comité central, par le motif que le comité présidé par M. Lelewel n'avait été nommé que par les émigrés résidant à Paris. Conformément à cette motion, chaque dépôt envoya à Paris deux députés, qui, s'étant réunis le 22 octobre 1832, installèrent, sous la présidence du général Dwernicki, un comité composé des généraux Julien Sierawski, Jean-Népomucène Uminski, du nonce à la diète le comte Jean Leduchowski, de l'ex-ministre des affaires étrangères Théodore Morawski, du député François Wolowski, du maître des requêtes Michel Hube, du conseiller d'État André Plichta, des nonces à la diète Alexandre Jelowicki et de M. Stanislas Worcel. MM. Lelewel et Zwiérkowski, appelés à faire partie de ce comité, refusèrent de venir y prendre place; et c'est même dans le but de rompre tout-à-fait avec la nuance d'opinion d'où émanait cette commission polonaise, et, comme ils le disaient eux-mêmes, pour garder *l'honneur sauf* dans leur défaite, que ces deux honorables membres se décidèrent à publier une proclamation aux Russes, que l'émigration démocratique leur avait vainement demandée jusque là. Cette démarche plaça l'illustre professeur Lelewel dans la nécessité de sortir de France et d'aller expier, dans un second exil, ce premier acte d'une insurrection nouvelle.

Dès lors le parti aristocratique devint maître du terrain sur lequel la discussion de la question polonaise venait de se placer. Il fonda, le 29 avril 1832, sous le titre de *Société littéraire*, une agence générale de rédaction et de publicité, pour diriger l'opinion de la presse anglaise et française, relativement aux affaires diplomatiques du pays; la presse française et la presse anglaise fermèrent leurs colonnes à toute réclamation qui ne partait pas de cet office de publicité (1). Ainsi, les chambres anglaise et française, notre presse,

(1) Aucun journal des deux royaumes ne consentit à publier une réponse, à un article inséré, sous la rubrique de *Question polonaise*, dans le *Messager* du 4 juillet 1832; cet article émanait du cabinet du prince Czartoryski. Voyez, à cet égard, les *Derniers moments de la révolution de la Pologne*, par J. Népomucène Janowski, p. 85, en note.

nos ministères! l'aristocratie entrait partout et trouvait faveur partout. Mais malheureusement ces trois sortes de puissance sont réduites à fort peu de chose, dans la lutte qui divise le monde d'aujourd'hui. La démocratie, toujours active, et qui est habituée à combattre, ainsi que les Parthes, jusque dans sa fuite et dans sa défaite, la démocratie gagnait en forces réelles tout autant que l'aristocratie semblait gagner en autorité. Malheur au parti qui, dans la discussion, a pour tactique d'étouffer la voix de l'autre! le premier mot que celui-ci peut parvenir à faire entendre, est un coup de foudre dont l'autre ne se relève plus.

C'est ainsi qu'à peine Cutlar Fergusson, cédant aux insinuations de la nuance aristocratique de l'émigration polonaise, venait de présenter au parlement anglais sa motion, pour demander le maintien des traités de Vienne de 1815 en faveur de la Pologne; qu'interprète des inexorables prétentions du parti démocratique, O'Connel se levait contre cette concession blessante pour la nation polonaise, et demandait aux peuples d'Occident, au nom de la Pologne entière, non pas le maintien du quasi-royaume de Pologne, mais le rétablissement intégral de la Pologne dans ses antiques limites, telles que les trouva le premier partage de 1772. La botte portée par O'Connel partait de la société démocratique, qui avait dépêché tout exprès un émissaire, auprès du représentant des peuples opprimés.

Pendant que l'aristocratie négociait un arrangement, le parti démocratique lançait à la face du Czar des éloquentes déclarations de guerre, que quelques braves se chargeaient avec enthousiasme d'aller lui placer sous le nez, presque au bout du fusil. Le comité démocratique avait beau s'opposer à ces actes sublimes d'un dévouement intempestif, et défendre à ses saints, comme autrefois l'Église persécutée, d'affronter la couronne du martyre, on voyait ces jeunes hommes, exagérant leur puissance matérielle à travers le prisme de leur foi et de leur amour, s'échapper vers les frontières de la Pologne, et comme vouloir recommencer à eux seuls le combat. L'expédition de Zaliwski, et le départ de presque tout le dépôt de Besançon pour l'Allemagne, furent des symptômes éloquents d'une crise qui se prépare dans l'ombre; et l'insuccès de ces tentatives n'a rien moins que rassuré les cabinets oppresseurs. Le général Ramorino était là, à point nommé, pour faire échouer en Suisse l'expédition qui se dirigeait vers l'Allemagne. L'échafaud se dressa devant l'autre; et le bourreau en colère raffina les circonstances de l'exécution. Le 26 novembre 1833, le plus grand nombre de ces martyrs de la cause polonaise furent fusillés: deux seuls furent exceptés : la vindicte russe tenait à les flétrir autant qu'à s'en défaire : ces deux nobles exceptions furent livrées à la potence: on ne sut trouver, dans l'arsenal des barbaries moscovites, rien de plus sévère, pour frapper en l'un d'eux le brave, le poëte, le patriote dévoué, et le frère d'une noble dame, laquelle, dans le fond des bois, avait pris soin de fournir les vivres à cette petite armée de conspirateurs, dont son frère était l'âme (1). Il faut que la postérité retienne ces deux noms entre tous les autres, pour les inscrire dans le martyrologe de la liberté : Arthur Zawisza et Michel Wolowicz! Le premier voulut parler au peuple avant de mourir : un roulement de tambours couvrit sa voix. La Russie n'a pas oublié l'impression produite par les paroles que prononça, à Saint-Pétersbourg, dans un pareil moment, cet admirable Pestel, chef de la malheureuse insurrection militaire de 1825 : *Ce que nous avons semé ne sera pas perdu, et portera ses fruits!* et la dernière conspiration, découverte dans le corps d'armée de Geismar, démontre assez hautement qu'en effet les idées du démocrate Pestel n'ont pas cessé de germer en Russie. Mais le jour n'est pas loin où les poëtes nationaux nous traduiront, en vers populaires, les nobles et dernières pensées qu'Arthur Zawisza jeta dans l'espace et dans l'éternité, au son des tambours moscovites.

(1) Cette dame, épouse d'un conseiller de police, fut enlevée par les cosaques, et traînée en exil dans la Prusse.

Les négociations du parti aristocratique se trouvaient un peu déconcertées par ces symptômes tout palpitants encore d'insurrection.

Le gouvernement français vint au-devant de sa demande, en interdisant, aux émigrés démocrates, séjour des grandes villes, ainsi que des localités voisines des frontières, notamment celles de l'Est, en les soumettant aux exigences les plus sévères de la surveillance des autorités locales, leur défendant de changer de département sans l'autorisation préalable du ministre, ni de résidence, sans celle du préfet du département. C'est ce qui fit dire à Lafayette que Louis-Philippe avait l'air de se constituer, par ces mesures, le préfet de police de la sainte-alliance.

En outre, on reprit le projet de transporter l'émigration loin de la France. L'expédition de don Pédro en Portugal sembla offrir une occasion plus favorable que notre colonisation d'Alger. Le prince Czartoryski, par l'intermédiaire du général Bem, conclut avec le prétendant portugais, à la date du 19 mai 1833, une convention pour la formation d'une légion polonaise; et le gouvernement français prêta les mains à l'exécution de ce projet. C'est avec son autorisation que le général Bem transporta son quartier général à Bourges, et y établit un bureau d'enrôlement et de recrutement. Mais l'indignation toujours croissante des émigrés démocrates mit fin à ce commerce; l'émigration en masse déclara qu'elle ne devait verser son sang que pour la cause de sa patrie, ou pour la cause de la liberté, et que la cause de don Pédro ne rentrait nullement dans l'une de ces deux catégories.

Le comité, présidé par le général Dwernicki, sentit le besoin de recouvrer un ascendant que quelques uns de ses actes lui avaient fait perdre. On l'avait vu lancer l'anathème publiquement contre un membre de la société démocratique qui, le 29 novembre 1832, avait avancé, dans un discours d'apparat, que l'esclavage en Pologne avait été une importation des idées occidentales et des idées lithuaniennes; et que nulle révolution ne saurait s'effectuer dans sa patrie qu'en revenant aux idées démocratiques pures de tout préjugé, ainsi que Zaliwski l'avait conçu, en partant pour la Pologne. Effrayé de l'effet de son improbation à ces principes, le comité aristocratique fit célébrer un service funèbre, en l'honneur des braves qui avaient succombé dans l'expédition de Zaliwski; il se prononça même formellement contre les prétentions exagérées de la nuance aristocratique, et déclara, dans une adresse à Léopold, roi des Belges, que le général Chr........., qui, sur la recommandation de la portion aristocratique de l'émigration, venait de prendre du service en Belgique, passait généralement en Pologne pour un traître à la patrie, et pour l'un de ceux qui avaient le plus contribué à la reddition de Varsovie.

Mais ces deux actes significatifs ne servirent pas à rehausser de beaucoup le crédit du comité. L'émigration entière s'opposait à ce qu'on procédât à de nouvelles élections, avant d'avoir obtenu des statuts délibérés et votés en commun. Au surplus, une foule d'émigrés, dans l'impossibilité de faire cause commune avec un comité composé d'éléments si hétérogènes sous le rapport des opinions politiques, demandaient qu'on se contentât d'un simple comité administratif; et c'est à cette occasion que le dépôt de Poitiers, composé presque exclusivement de membres de la société démocratique, se chargea de rédiger un projet de statuts, pour le soumettre à la révision et à la sanction de ses coreligionnaires.

Cependant une portion de l'émigration qui flottait entre ces deux nuances opposées, exprimait le désir que l'ouverture de la diète polonaise eût lieu à Paris. Car, aux termes de la loi rendue par la chambre des sénateurs et des nonces, les 19 et 21 février 1831, il avait été statué, que partout où se trouveraient trente-trois de ses membres, ils seraient en droit de se constituer, pour continuer leurs travaux en qualité de diète polonaise. La réunion d'une diète nationale, composée de nonces et de sénateurs, était une mesure grave et qui ne laissait pas que de faire ombrage au parti aristocratique, et de ranimer les espérances du parti avancé : car il se trouvait que presque tous les nonces et sénateurs professaient des opinions extrêmement libérales. Après bien des difficultés préalables, il y eut enfin une réunion à Paris. Mais les travaux de l'assemblée ne répondirent pas aux espérances qu'on en avait conçues; et quoique la diète se montrât fort docile envers le parti rétrograde, cependant dans une séance qui eut lieu vers les premiers jours de 1833, les membres présents étant au nombre de trente-quatre, tant sénateurs que nonces et députés, tout-à-coup onze membres de la nuance ultra-aristocratique, usant du droit de *veto* qui porta malheur à tant de délibérations des diètes polonaises (1), se levèrent, en déclarant qu'ils ne reconnaissaient pas la nécessité d'ouvrir une diète; et le prince Adam Czartoryski lui-même, qui était à la tête de ces onze opposants, ajouta qu'au surplus la session de la diète ne manquerait pas d'entraver les négociations diplomatiques qu'il avait déjà entamées, sur l'autorisation qu'il en avait reçue des dépôts de l'émigration.

Les esprits s'échauffèrent indignés de cet acte

(1) Il suffisait du *veto* d'un seul noble, pour annuler toute une délibération, et l'élection du roi lui-même. On cite le vote d'un noble, qui suspendit l'élection de Wladislas IV, seulement pour voir si l'on respecterait en lui le droit acquis à tout noble Polonais.

d'opposition, qui rendait impossible l'ouverture de la diète ; il parut divers pamphlets, même en langue française, contre les mauvaises prétentions et les bons dîners de l'aristocratie. L'aristocratie répondit à ces attaques par la publication d'un journal rédigé en français, sous le titre de : *Le Polonais*, et bientôt après par un autre, écrit en langue nationale, sous celui de *Kronika*. Mais ces deux auxiliaires lui furent de peu d'utilité, pour détourner les coups que lui portaient chaque jour à tour de bras les journaux hostiles à ses prétentions ; la polémique prit corps à corps chaque opposant aristocrate l'un après l'autre, elle s'attacha à faire ressortir le peu de prévoyance de la noblesse en ce qui concernait les intérêts du pays, et finit par l'accuser hautement d'avoir perdu, avec sa diplomatie, la cause d'une révolution qui avait éclaté sans elle et en dépit d'elle.

On ne saurait parer de pareils coups, qu'en imposant silence, quand on le peut. L'aristocratie se mit de nouveau à essayer si elle était en état de le pouvoir. Le comte et sénateur castellan Louis Plater proposa, dans une séance de la *Société littéraire*, d'adresser au gouvernement français une demande formelle, à l'effet d'expulser l'émigration polonaise du sol français continental, et de refuser des subsides à tout émigré qui refuserait de se transporter à Alger. La majorité de l'assemblée recula devant une proposition conçue d'une manière aussi draconienne ; ce qui n'empêcha pas le noble comte de publier son projet un peu modifié dans le *Journal du Commerce.* Aussitôt, deux membres de la Société littéraire, MM. Michel Podczaszynski et Janusz Czetwertynski dénoncent à l'assemblée cette infraction grave de leurs règlements, qui portait un coup mortel à la considération de l'aristocratie; et ces deux membres ne jugeaient pas trop sévèrement la valeur de cet acte d'imprudence : il avait mis à nu, aux yeux des plus incrédules, les tendances et l'esprit du parti qui cherchait à usurper la direction de l'émigration.

Le parti démocratique vit dès lors affluer dans ses rangs tout ce qui était jusque là resté neutre, faute de se trouver assez éclairé sur les deux faces de la question nationale.

La société démocratique profita de cette bonne disposition des esprits, pour publier une déclaration de principes radicale et énergiquement rédigée, en tête de l'une des livraisons de son journal; et c'est de cette époque que date la guerre incessante qu'elle a déclarée aux principes aristocratiques, à la face de la Pologne et du monde entier.

Dans deux brochures intitulées, l'une : *Appel aux soldats citoyens*, et l'autre : *Examen du manifeste de la diète polonaise du 4 décembre* 1830, elle s'appliqua à démontrer que la cause qui avait fait avorter la révolution du 29 novembre n'était pas tout entière dans la trahison et dans l'insuffisance des forces nationales, ainsi que le pensaient un grand nombre d'émigrés, mais plutôt dans le soin qu'avaient pris les privilégiés, de paralyser le mouvement populaire, et de le contenir dans le cadre mesquin d'une simple insurrection.

Dans une autre pièce publiée sur le même sujet, le 16 janvier 1833, elle établit, avec plus de clarté, que la diète nommée sous la domination de Nicolas, avait hâté la perte de la révolution par ses opérations méticuleuses, son indolence et son indécision; elle ajoutait que, s'il suffisait de trente-trois membres réunis sur un point, pour constituer une diète à Paris, rien n'empêchait Metternich ou toute autre espèce de personnage, de réunir une autre diète en Autriche ou ailleurs; qu'il fallait, au contraire, qu'une représentation nationale pût être soumise au contrôle de ses commettants ; en un mot que la diète qu'on avait tenté d'ouvrir à Paris était organisée de manière à former un obstacle insurmontable à tous les plans élaborés par l'émigration, dans l'intérêt de la cause nationale.

Le 5 septembre 1834, le dépôt de Poitiers, presque exclusivement composé de membres de la société démocratique, rédigea deux projets de déclaration, qu'il fit circuler dans tous les dépôts français. Le premier se couvrit de 2,414 signatures ; il était ainsi conçu :

« Les Polonais, après une lutte de dix mois contre le tyran de la Pologne et de la Russie, furent forcés de quitter leur patrie, et ils arrivèrent en France, non pour échapper à leurs bourreaux, mais pour conserver, dans l'indépendance, une étincelle de vie à la nation polonaise, et pour y préparer sa délivrance. Ils ont déjà repoussé l'amnistie offerte par le czar Nicolas, et sont prêts à en repousser toute autre que la perfidie de l'autocrate pourrait leur offrir. Pleins de foi dans l'émancipation de l'humanité, ils regardent comme un devoir, de faire, dans la circonstance actuelle, la déclaration solennelle suivante :

» I. Ils jurent haine éternelle et vengeance à l'oppresseur de leur patrie, où ils ne rentreront que les armes à la main, et pour briser les chaînes de leurs frères.

» II. Le premier pas fait, à quelque époque que ce soit, sur la terre polonaise, sera le signal de l'insurrection contre l'usurpation des autocrates russes, et du rétablissement des droits imprescriptibles de la liberté et de l'égalité pour tout le peuple polonais.

» III. Dans un combat de ce genre, à quelque époque qu'il se livre, pour venger les crimes commis envers le peuple polonais et russe, pour venger le sang versé par les deux nations, et celui qui pourra être versé encore, ils déclarent tous et solennellement de se sacrifier individuellement et ensemble, afin que ce sang retombe sur la tête du tyran Nicolas. »

La deuxième déclaration obtint 2,208 signatures; elle était ainsi conçue :

« Les Polonais réfugiés, jugeant que le prince A. Czartoryski suit une ligne contraire aux intérêts de l'émigration et aux destinées, ainsi qu'à l'intégrité de la Pologne; regardant son influence comme funeste, et considérant que sa conduite, pendant la révolution et dans l'émigration, pourrait induire en erreur les amis les plus sincères de la cause du peuple polonais, croient de leur devoir de déclarer publiquement, que le Pr. Adam Czartoryski n'est pas digne de leur confiance, et qu'il doit être considéré comme ennemi de l'émigration polonaise. »

Ces deux actes, insérés dans la plupart des journaux français et anglais de l'époque, furent deux coups de foudre pour le parti diplomate. L'aristocratie voulut y répondre; elle ne recueillit, en faveur du prince Czartoryski, que 400 signatures; la révélation de ce chiffre seul fut une défaite irréparable. S'il est vrai que depuis le parti aristocratique n'ait jamais cessé de pouvoir disposer de grandes ressources pécuniaires, il n'est pas moins certain que son crédit s'est restreint dans d'étroites limites, et que son influence ne s'étend plus hors du cercle de la diplomatie étrangère qui ne le redoute pas, et de quelques émigrés qui ont dû lui rester fidèles par des motifs spéciaux de reconnaissance et de bon vouloir. Il a fondé, outre la Société littéraire dont nous avons déjà parlé, la *Société des secours pour les études* (29 novembre 1832); la *Société de bienfaisance des dames polonaises* (12 janv. 1834); enfin, en 1836, le *Club* de la rue de Godot-de-Mauroy; il continue de publier le journal intitulé *la Chronique de l'émigration polonaise* : toutes institutions philanthropiques et revêtues d'un certain cachet d'humanité, mais que leur caractère d'exclusion et de parti a le malheur de rendre tout-à-fait anti-nationales.

La Société démocratique ne crée point de clubs, et, à la place des comités de bienfaisance, elle a institué des comités de fraternité et de secours mutuels, où chacun contribue, d'après le système de l'impôt progressif. Elle fuit les délices de Capoue, et se prépare, dans le bivouac de l'exil et de la pauvreté, à l'insurrection, qui fait l'objet de ses constantes veilles; elle médite et elle écrit; sa correspondance s'étend aux quatre coins de l'Europe, non point par lettres que la diplomatie européenne saurait bien arrêter au passage, mais par une croissante sympathie, ce langage du cœur qui se passe de signes et de sons. La jeune Italie, la jeune Allemagne, la jeune Pologne des bords du Borysthène et de la Vistule, la jeune France, tout enfin ce qui s'est régénéré, dans le monde entier, au soleil de la révolution française, est de cette manière en relation avec sa centralisation organisée. Elle pèse de tout son poids dans la balance diplomatique ; elle influe sur les opérations de bourse ; elle a paralysé de son *veto* les emprunts que l'empereur moscovite a tenté de faire au nom de la Pologne ; les banquiers d'Europe ont plus de foi en son opposition qu'en la signature de Nicolas ; ils savent que c'est elle qui doit régler leurs comptes à l'échéance. Ses écrits portés dans sa patrie comme sur les ailes des vents d'ouest, sont lus dans les chaumières et dans les châteaux, et font partout, et en tous ces lieux si divers, de nombreux prosélytes ; ils prêchent une nationalité qui est du goût de tous les Slaves, du nord comme du midi. Les officiers russes lisent leurs pamphlets, ainsi que leurs concitoyens lisent leurs doctrines; et il arrivera un jour à Nicolas, ce qui arriva en France à M. de Sartines, de trouver, dans sa voiture, une épreuve de tel écrit qu'il poursuit de ses perquisitions; la démocratie est d'une adresse sans égale, pour jouer de pareils tours à la police la plus ténébreuse. Le gouvernement démocrate de la Pologne a son siége en France et en Angleterre, et ses ambassadeurs auprès du czar. Quand il déploiera sa bannière, la patrie se lèvera à la barbe des tyrans, et nommera une convention nationale à la place de la diète. De cette manière, et avec ce simple correctif, sa nationalité ne périra plus; et la démocratie polonaise aidera ensuite les autres nationalités voisines à secouer le joug étranger.

Ses vœux, ses doctrines, son but, son esprit, le caractère des sourdes persécutions qu'elle a endurées en France, son *ultimatum* enfin, on en trouvera la formule dans les pièces suivantes, que nous donnons dans l'ordre de leur apparition.

XI.

I. *Protestation de la Société démocratique polonaise, contre les traités qui ont morcelé la Pologne, depuis* 1772 *jusqu'à* 1815.

Lorsque la Pologne, par suite de l'inertie ou de la trahison de ses chefs, ainsi que par l'influence momentanée de quelques privilégiés, et de l'abandon où la laissait l'Europe, succomba dans sa lutte et perdit provisoirement son existence politique, le vainqueur épuisa tous ses moyens d'oppression et de cruauté, pour punir ce peuple malheureux, de n'avoir pas oublié ses droits imprescriptibles et son glorieux passé politique. Le désespoir des Polonais opprimés, les gémissements des mères des bras desquelles on arrachait les enfants, pour en faire des appuis du despotisme, ont retenti dans toute l'Europe; et lorsque, par de nouveaux ukases, le Czar ravit à la Pologne, les lois qui lui avaient été données en vertu du traité de Vienne, lorsqu'il en détruisit l'armée et interdit l'instruction à sa jeunesse, nos amis étrangers élevèrent la voix contre tous ces crimes, tant dans les journaux, qu'à la tribune législative d'un grand peuple. Grâces vous soient rendues, à vous tous qui avez compris les besoins de l'Europe! Mais il est de notre devoir de déclarer hautement, aux peuples qui s'intéressent à notre cause, que nous concevons les intérêts de la Pologne d'une autre manière qu'eux.

Nous n'invoquons point de traités : Tous, depuis 1772 jusqu'à 1815, ont sanctionné les anciens partages ou en ont autorisé de nouveaux; tous se sont acharnés contre notre malheureux peuple, en lui imposant différentes institutions, pour le diviser de plus en plus, pour rendre impossible ou du moins très difficile la fusion de toutes les fractions de notre pays, qui réunies deviendraient le tombeau de l'absolutisme, lequel les accable de tous côtés. Le dernier traité ne diffère en rien, à cet égard, des traités antérieurs; c'est la continuation de la violence commencée en 1772; c'est un nouveau partage de la Pologne, puisqu'il en a démembré le duché de Varsovie; qu'il a donné à une partie de l'antique Pologne le nom de royaume de Pologne, octroyant une charte à une petite portion du pays, comme pour dissimuler le joug qui pèse sur toute la Pologne, pour éblouir et assoupir toute la nation, pour empêcher le reste des Polonais, trompés par une promesse mensongère de nationalité, de faire des efforts vigoureux afin de reconquérir leur indépendance. Mais il n'y a pas de vie pour la Pologne démembrée; aucun traité ne satisfera ses enfants, tant que tous leurs frères ne seront pas réunis, et qu'ils n'auront pas déchiré les pactes criminels qui ont morcelé la Pologne depuis 1772. Et, en effet, qu'étaient les Polonais après le traité de 1815? Sans existence politique, rayés du nombre des peuples, ils furent condamnés à jouer le rôle d'un satellite docile, eux qui sont destinés par leur position à servir de bouclier et de rempart à l'Europe civilisée, contre le despotisme et la barbarie. On eût fini par les obligerde prévariquer contre leurs institutions et leurs croyances, et de porter les armes contre la liberté et la civilisation du continent!

Aussi quiconque apprécierait les effets de l'immense mouvement du peuple polonais, d'après les vues courtes de l'égoïsme politique, et invoquerait pour la Pologne les garanties des traités de Vienne, celui-là ne comprendrait pas les intérêts de la Pologne, pas plus que ceux de l'Europe. S'il y a des Polonais qui adhèrent à ce pacte, n'importe à quel égard, il n'est pas douteux qu'ils ne désirent pas franchement le bonheur de leur patrie, qu'ils n'ambitionnent que leur prochain retour dans leurs foyers. Car le traité de Vienne n'a pas été seulement funeste à la Pologne; écrit sur les ruines de la révolution française, sur les ruines de la puissance du héros qui préparait par son despotisme la république européenne, il a entravé pour plusieurs années le progrès de l'humanité; en introduisant en Europe de nouvelles divisions, en établissant d'anciennes conditions d'ordre social, il a constitué l'alliance des despotes, alliance qu'ils appellent *sainte;* il est ainsi devenu la base et le point de départ de l'absolutisme, de celui qui pèse sans ménagement sur les peuples, comme de celui qui, en les éblouissant par des formes libérales, conduit également, en définitive, à l'oppression.

Les peuples ont déjà senti ce qu'il y a de funeste dans ce traité de Vienne, et ils ont levé leur bras pour rompre ce contrat monarchique, ourdi contre leur bonheur et leur liberté. Ébranlé dans ses bases, il est à peine parvenu à se maintenir dans son ensemble, par les subterfuges de quelques diplomates, qui tenteront vainement de renouer, d'une manière durable, ce que la France et la Belgique ont brisé en 1830.

Nous le répétons donc : Nul Polonais ne saurait invoquer les traités de Vienne, sans trahir la cause de son pays ; il prouverait qu'il ne conçoit pas les tendances de l'Europe ; il prévariquerait, en demandant le maintien d'une stipulation aussi liberticide. Ainsi l'invocation de ce traité, faite par quelques uns de nos amis étrangers, nous a touchés douloureusement ; et nous impose le triste devoir de rappeler aux Polonais, et notamment à ceux qui, interprètes d'un petit nombre de nos compatriotes, liés avec nous par la communauté du malheur, mais non point par l'identité des principes sociaux et politiques, se proclament représentants de la cause polonaise à l'étranger : qu'en invoquant les traités de 1815, on ne sert pas son pays, et que s'en référer à ce protocole, c'est séparer la cause polonaise de celle de l'Europe, de la cause de la civilisation et de l'humanité.

Nous n'invoquons pas le traité de Vienne : car nous regardons l'exécution de ses garanties en faveur de la Pologne, comme plus oppressive que l'état actuel des cruautés et des vengeances de l'envahisseur. La Pologne éprouve maintenant le sort commun à tous les vaincus ; mais par cela même, elle est dans l'état d'une protestation continuelle contre tout ce qui a été fait à son égard, de contraire au droit des gens, depuis 1772. L'oppression inspire le courage et la force : les bienfaits hypocrites du traité de Vienne ne feraient qu'assoupir la nation, et rendre son union plus difficile, si l'heure de l'indépendance de l'antique Pologne venait à sonner.

Nous éprouvons encore le besoin de déclarer à l'Europe, que ce n'est pas la violation des garanties du traité de Vienne, qui a provoqué notre insurrection. L'Europe a vu les efforts des Polonais pour réunir les parties violemment divisées de leur pays, efforts presque continuels depuis 1772, dont la dernière insurrection n'a été que la continuation. Nul Polonais n'a oublié qu'il a des frères jusqu'aux monts Karpates et au-delà du Bug, du Niémen et de la Prousna; nul n'a oublié son passé politique. Nous n'avions saisi les armes qu'afin de nous réunir à nos frères, pour prêter à la civilisation européenne l'appui de vingt millions de citoyens. Or, quiconque cherche les causes de notre insurrection dans l'oppression du gouvernement russe, comme l'a fait la diète polonaise de 1830, dans le manifeste du 20 décembre 1830, celui-là méconnaît les efforts du peuple polonais. La diète trouvait ces causes dans la violation des articles du traité de Vienne qu'elle défendait, car elle avait, comme ce contrat monarchique, une origine illégitime et anti-révolutionnaire; elle voulait ainsi justifier, devant l'Europe, une insurrection sublime, insurrection déjà assez légitimée par les crimes consommés sur la Pologne depuis 1772.

Oui, nous avons eu le droit de nous insurger, et nous

avons à présent le droit de demander à l'Europe le rétablissement de nos antiques frontières. Nous faisons appel à la justice, à l'intérêt des peuples!.... Ils sentent le besoin de se rallier plus étroitement, d'accroître leurs forces par l'extension du domaine de la liberté. Ils savent bien qu'il faut non seulement répandre les idées de liberté chez eux, mais aussi étendre son domaine, d'autant plus qu'un seul mouvement vigoureux peut soumettre à son pouvoir les vastes contrées bornées au loin par le Dnieper. C'est dans l'intérêt de l'Europe que nous attendons la résurrection de la Pologne; car ce pays, bien qu'il s'avance vers l'Orient, a été toujours allié de l'Occident civilisé et a toujours pris sa défense.

Nous réclamons donc le rétablissement des antiques frontières de la Pologne; cette demande est autorisée par notre passé politique; elle est incontestablement utile à l'Europe, soit par notre unanimité sur ce point, unanimité par laquelle se manifeste la volonté du peuple souverain, soit enfin par notre avenir; car, organisés sur des nouvelles bases démocratiques, sans désir de conquêtes, nous aurons l'occasion de propager les lumières vivifiantes de la liberté dans le fond lointain de l'Orient, et par cela même de tarir dans sa source le système des guerres et des violentes révolutions.

Voilà nos vues sur les intérêts actuels de la Pologne.

Paris, le 8 mai 1832.

Suivent les signatures de tous les membres de la Société.

II. *La Société démocratique polonaise, à M. le ministre de l'Intérieur.*

Monsieur le ministre,

Les arrestations qu'on fait depuis quelque temps parmi les membres de la *Société démocratique polonaise*, les saisies réitérées de papiers chez les secrétaires des sections, et notamment celle des archives de la Société, que les autorités de police viennent de faire à Poitiers, le 22 de ce mois, chez le secrétaire de la section centrale, ont douloureusement affecté cette association des émigrés polonais, qui n'admettaient point qu'ils pussent, sur le sol français, trouver des obstacles à travailler tranquillement pour le bien de leur patrie.

Comme les motifs de ces rigueurs nous sont totalement inconnus, comme nous pouvons être victimes d'une calomnie de la part des ennemis extérieurs de notre patrie, ou bien des adversaires intérieurs de l'émancipation du peuple polonais, nous croyons de notre devoir de vous présenter, monsieur le ministre, ainsi qu'à la nation française, un aperçu, sur la nature et le but de notre association, pour qu'on ait à juger, après cette explication, si l'on peut, sans manquer à la plus simple justice et aux droits sacrés de l'hospitalité, entraver, si peu que ce soit, nos efforts loyaux et nationaux.

Les Polonais n'ont pas quitté leur patrie, pour échapper à

la vengeance de l'usurpateur, et se sauver sous la protec-on des puissances étrangères. Conduits par cette vive sympathie qu'ont cimentée des torrents du sang polonais et français versé dans les trois parties du globe, ils sont venus en France, non pas chercher du pain et un asile, mais bien des armes et des moyens de recouvrer leur patrie. Dans le premier élan d'une profonde foi en la sainteté de leur cause et en la puissance des changements de juillet, ils ont conçu, à leur entrée en France, un vif espoir; et ils ont, momentanément, déposé leur fardeau de martyrs, au sein d'un peuple ami. Mais nos illusions, monsieur le ministre, si communes dans le malheur, ont disparu en peu de temps. Les Polonais ont compris que le temps n'est pas encore venu où l'injustice faite à une nation serait commune aux autres.

Ils se sont convaincus qu'il faut principalement compter sur ses propres forces et moyens. Ils ont recherché les causes des malheurs inouïs qu'ils ont subis, malgré leurs fréquentes victoires et leurs triomphes. Ils ont découvert la source du mal; et, après s'être réunis dans une société publique polonaise et strictement nationale, ils ont résolu d'exterminer ce mal par la voie de la propagande, et de préparer ainsi des moyens efficaces pour l'affranchissement de la patrie.

Soixante ans d'asservissement de la Pologne et trois de ses sanglantes insurrections nous apprennent, monsieur le ministre, que l'esclavage de treize millions de paysans polonais, ainsi que la domination d'une classe et la dégradation des autres, ont été cause que, négligeant toujours d'unir les améliorations sociales à l'insurrection, nous n'avons jamais pu développer toute la force nationale, et faire participer, au combat et aux droits qui lui sont dus, tout le peuple polonais, si puissant dans notre pays invincible. Chacune de nos insurrections a été plus ou moins forte, à mesure que le peuple jusque là méconnu et trahi y participait plus ou moins. A l'exception d'une poignée de riches, partisans systématiques du privilége et de l'esclavage du peuple, la masse des nobles, propriétaires terriens, contribue à l'oppression des paysans plutôt par ses préjugés que par sa mauvaise volonté. Ce sont ces mêmes préjugés que nous tâchons de détruire; nous désirons démontrer que, de l'émancipation des villageois, dépend la force nationale, et que de ses droits et de ses institutions plus dignes du XIXe siècle, et de la destinée de la Pologne, dépend la prospérité de son avenir.

Dans ce moment, le gouvernement russe, concevant très bien que l'esclavage du peuple en Pologne est la source et l'appui de nos malheurs, aide de puissants renégats polonais à tyranniser leurs serfs, et il s'efforce de plonger pour toujours la masse des propriétaires terriens dans des préjugés inhumains, en anéantissant tous les moyens d'une instruction nationale. Dans cet état des choses, ne nous serait-il pas permis, à nous victimes d'un grand crime politique, d'employer, sur un sol indépendant et ami, la seule arme qui nous reste aujourd'hui, pour parer les coups décisifs de nos mortels ennemis? Cette unique arme, c'est la presse en langue polonaise.

En un mot, M. le ministre, travailler pour l'émancipation de plusieurs millions de nos frères et pour les rendre propriétaires; préparer tranquillement pour l'avenir, par la voie de la persuasion patriotique, les réformes sociales qui ont coûté tant de sang à l'Occident de l'Europe; faire remplacer les funestes vices de notre ancienne république, par des lois et institutions qui ouvriraient une voie libre aux améliorations de l'état social; contribuer enfin, par ces moyens, le plus tôt possible, au rétablissement de la Pologne libre et indépendante dans ses anciennes limites; voilà le but unique et exclusif de la Société démocratique polonaise.

Cette Société, en publiant, au mois de mars 1832, son acte de fondation en polonais et en français, a mis au jour son existence; elle s'est occupée tranquillement de ses travaux jusqu'au commencement de 1834. A cette époque les autorités départementales nous sommèrent, en vertu d'un ordre ministériel, de renoncer à faire partie de la Société, sous peine d'être expulsés de France. Nous nous déclarâmes en masse prêts à quitter plutôt cette terre qui nous a donné, dans la vie privée, tant de preuves d'une sympathie cordiale, qu'à renoncer aux devoirs sacrés d'un dévouement continuel pour le bien de la Pologne, sur le chemin épineux que nous traversons. Mais il y a une circonstance qui attira notre attention à cet égard. Les autorités chargées d'exécuter l'ordre ministériel regardaient la Société démocratique polonaise comme secrète. Nous prouvâmes jusqu'à l'évidence sa publicité, et nous déclarâmes volontiers n'appartenir à aucune Société qui eût pour but les affaires de France. Au surplus, la section centrale existant alors à Paris éclaira le gouvernement sur l'esprit et les tendances de la Société, et joignit, à la déclaration adressée à votre prédécesseur, monsieur le ministre, une liste complète de nos membres.

Autorisés ainsi en quelque sorte à exister en corps organisé, nous tâchâmes de développer nos principes vitaux, sans nous écarter de la ligne de la plus stricte publicité et nationalité. Nous faisions tout notre possible pour inculquer à tous nos coreligionnaires cette conviction, que ce n'est que, par une société nationale polonaise, que nous pourrons travailler avec avantage à la cause de notre peuple. Toutes nos brochures imprimées ou mémoires autographiés ont été déposés, en doubles exemplaires, entre les mains des autorités du pays, conformément à la loi ; et quant aux actes qui exigeaient une publicité plus étendue, ils ont été insérés dans les journaux français.

Bien que les motifs des poursuites actuelles nous soient inconnus, la circonstance cependant de la prétendue clandestinité qu'on nous a imputée il y a dix-huit mois, nous fait croire que c'est encore l'erreur ou la calomnie qui nous les attirent. Nous avons dit, monsieur le ministre, que les premières illusions ont disparu, devant la réalité, aux yeux des émigrés polonais, que ceux-ci voient bien la source de leurs malheurs, et qu'ils fondent uniquement la délivrance de leur patrie sur la force de la nation polonaise, force qu'on pourrait tirer de sa fraction la plus vigoureuse et jusqu'ici esclave, sans cependant renoncer aux circonstances favorables du dehors. Les actes de la Société fourniront des preuves non équivoques de ses efforts, pour que de vaines illusions ne séduisent pas ses membres en particulier, et ne diminuent pas notre force morale nationale. Sincères partisans des principes démocratiques pour lesquels notre peuple vertueux semble avoir été fait, nous nourrissons dans nos cœurs un vif amour pour tous les peuples sans distinction ; mais nous sommes en même temps intimement convaincus que, dans l'état où nous nous trouvons, nous ne pouvons servir l'humanité qu'en servant la Pologne. En consacrant donc exclusivement nos travaux à la cause polonaise, nous ne manquons pas au grand devoir que la civilisation de notre siècle semble nous imposer, envers tous les hommes. Notre devise sera toujours : *Par la Pologne, pour l'humanité!*

La publicité donc et la nationalité exclusive de notre Société proviennent, sous tous les rapports, de sa propre nature, et ses actes, tant intérieurs qu'extérieurs, ne vous laisseront aucun doute, monsieur le ministre, que ces deux principes sont ses bases essentielles.

Il ne nous est resté, dans notre malheur, qu'un bien à côté de notre dignité individuelle : c'est le caractère d'émigrés politiques organisés en corps, travaillant sans cesse pour le bonheur de la patrie. Nous ne sommes pas des fuyards devant le glaive vengeur du vainqueur, mais bien des martyrs et des apôtres de notre cause imprescriptible. Personne ne peut nous arracher ce caractère ; personne ne nous l'arrachera ! Il y a quatre ans que nous habitons la France, au milieu de ses tempêtes civiles, et la France est là pour attester que nous savons respecter l'hospitalité. L'obligeance est également onéreuse à celui qui la fait : ce serait une barbarie révoltante que de jeter du pain à des victimes comme nous, et de leur ravir leur dignité et le caractère indélébile de représentants des malheurs et de l'espoir de la Pologne !

Voilà tout, monsieur le ministre, ce que notre situation actuelle nous a commandé de vous représenter. En demandant la cessation des tracasseries imméritées qu'on recommence à exercer envers des membres et sections de la Société, nous demandons en même temps un parfait examen des archives saisies de la Société : ce sera sa défense la plus éloquente. Nous demandons enfin la restitution de ces archives, et nous demandons aussi qu'on laisse un libre cours à nos travaux nationaux.

Nous joignons la liste complète des membres de la Société, pour vous faire voir jusqu'à l'évidence son état numérique.

Il est de notre devoir d'avouer ici que nous faisons cette demande, dans la pleine espérance de son succès. C'est la sainteté de notre association et la dignité de la France, qui nous le font croire. Après de tels éclaircissements, aucun gouvernement ne pourrait, sans manquer à lui-même et à la France, et sans rendre un service ostensible à la cour de Russie, persécuter une Société nationale polonaise, ce serait tuer, dans ses débris, la cause de cette Pologne, dont on a dit, à la face du monde, que sa *nationalité ne périrait pas.*

Nous finissons par vous déclarer solennellement, monsieur le ministre, que, fidèles aux devoirs sacrés que nous avons contractés envers notre malheureuse patrie, partout et toujours, nous sommes décidés à garder le caractère et le titre de membres de la Société démocratique polonaise.

Agréez, etc.

(*Suivent* 1290 *signatures des membres de la Société.*)

La section centrale certifie la conformité de la copie avec l'original.

Fait à Poitiers (Vienne), le 31 octobre 1835.

(*Suivent les signatures des membres de la section.*)

III. *Manifeste de la Société démocratique polonaise.*

Poitiers, 4 décembre 1836.

Le crime commis contre la Pologne n'a interrompu que l'existence politique du pays, mais il n'a pu détruire la vie de la nation. Nos efforts incessants pour l'indépendance, depuis la confédération de Bar, les flots de sang versé dans presque toutes les contrées du monde, notre émigration actuelle, la rage effrénée des assassins de la Pologne et la sympathie de tous les peuples, voilà des signes incontestables qui attestent que la nation polonaise existe encore, et qu'elle peut compter sur l'avenir. Oui, la Pologne sent en elle des forces immortelles : les peuples réclament l'antique nationalité polonaise ; ses oppresseurs tremblent qu'elle ne ressuscite. Des symptômes qui portent un tel caractère de grandeur et d'universalité ne peuvent être faux et chimériques : la voix de l'humanité fut toujours la voix de Dieu.

La haute mission de la Pologne n'est pas encore terminée.

Après avoir, il y a dix siècles, réuni différentes peuplades rapprochées par l'identité d'origine, de besoins, de langue et de mœurs, la Pologne elle seule, quoique dans la sphère étroite d'une caste, conserva et développa le germe démocratique des Slaves, que le despotisme étranger avait étouffé et anéanti dans les autres rejetons de cette race. Elle seule protégea la civilisation européenne, et repoussa loin d'elle les hordes de Tartares, de Turcs et de Moscovites qui tentaient de pénétrer dans son sein; et lorsque, d'une part, la pensée humaine, émancipée dans l'Occident, déclara la guerre aux vieilles idées, tandis que, d'autre part, surgissait dans le Nord une nouvelle puissance absolutiste qui s'armait contre cette émancipation, la Pologne, antique représentant des idées démocratiques, portée à l'avant-garde de la civilisation européenne, toujours fidèle à sa mission, entra la première dans la lutte et y succomba.

Elle succomba! et la famille de soixante millions de Slaves perdit son unique représentant, les peuples leur plus ferme allié, et, sur son tombeau, l'absolutisme cimenta un pacte impie, fortifia sa puissance; et dès lors la régénération qui devait donner, à toutes les sociétés européennes, la force d'une liberté unitaire, dut être interrompue et ajournée.

Faudrait-il donc prouver encore que l'existence politique de la Pologne n'a pas cessé d'être essentielle à l'avenir de l'Europe; que notre cause n'est pas une cause exclusivement individuelle, mais qu'elle est la cause commune de toute l'humanité?

L'Europe, il est vrai, abandonna la Pologne dans la plus grande infortune; nous ne lui reprocherons pas la triste et fatale apathie de ses gouvernants; car l'histoire est là, pour prouver que ce ne sont pas les violences brutales de l'étranger, mais bien les vices de l'état social qui ont causé la chute de notre patrie.

A l'époque où la nation eut besoin de toute son énergie contre les envahisseurs, ses forces internes étaient affaiblies déjà par une longue anarchie. Depuis long-temps, en Pologne, la noblesse régnait sur les ruines de l'antique démocratie; depuis long-temps elle seule se formait, se développait, et par là même, depuis long-temps déjà, elle avait arrêté la vie générale de la nation. Le génie primitif de la nation, renfermé dans un cercle étroit, dut perdre sa toute-puissance. La liberté, l'égalité, la fraternité, jadis communes à tous, devinrent le privilége spécial d'une caste, et désormais la masse du peuple, dépouillée de sa vie politique, dépouillée de tous ses droits, dépouillée de sa propriété, changée elle-même en propriété inhérente à la glèbe, ne put marcher avec la classe dominante, vers un but commun. L'intérêt de la noblesse et l'intérêt du peuple devinrent opposés, comme la liberté et l'esclavage, comme l'opulence et la misère.

L'unité rompue, les forces nationales divisées, conduisirent naturellement à l'impuissance de tous. Les privilégiés ne voulurent pas remédier au mal, en renonçant à leurs usurpations, en faisant aux opprimés bonne et loyale justice. Et voilà pourquoi la Pologne, sans appui dans les masses que l'esclavage avait engourdies, ne put repousser les envahisseurs.

Tous ses efforts, pour reconquérir son indépendance, révèlent à la fois et la faiblesse d'une classe égoïste, opiniâtre à garder ses usurpations, et ce sentiment profond de la liberté que nourissaient les masses, toujours prêtes au combat, sitôt qu'on leur faisait des promesses et qu'on leur offrait de belles espérances.

A la voix de Kosciuszko, qui annonça aux opprimés un meilleur avenir, les masses coururent aux armes. Les plaines de Raclavice, et tant d'autres mémorables champs de bataille, attestent l'esprit énergique du peuple polonais. Ils étaient là, les véritables représentants de son dévouement pour la cause de la patrie, ceux qui avec des lances et des faux enlevaient des canons moscovites. Mais l'invincible antipathie de la noblesse, pour les réformes sociales, paralysa leur élan et fit avorter la plus sublime entreprise.

La révolution de novembre, que signalait une tendance encore plus décidée, rencontra les mêmes obstacles et la même fin. L'inopportunité de la tentative, la prépondérance matérielle de l'ennemi, les fautes militaires, les trahisons partielles des chefs, l'esprit malveillant et la mauvaise foi des puissances voisines, et même l'abandon de l'Angleterre et de la France, ne sont, après tout, que des causes secondaires et apparentes de sa chute. La véritable cause de nos revers, celle qui a rendu inutiles tant de sacrifices, est la même qui a fait reculer le mouvement révolutionnaire et a comprimé cette solennelle manifestation de l'esprit national, comprenant et accomplissant son rôle distinctif dans l'humanité. Les héritiers des préjugés nobiliaires, les représentants de la classe dominante, aperçurent à l'instant même et au premier coup d'œil que leurs usurpations allaient être minées et renversées, si l'on ne détournait la révolution de sa direction primitive. Aussi, après s'être emparés avec astuce des rênes du gouvernement, ils changèrent en une simple campagne militaire le mouvement de toute une révolution, et, au lieu de remuer les masses, au lieu de combattre avec toutes les forces nationales, ils aimèrent mieux se jeter à la merci des cabinets hypocrites, mendier l'assistance des meurtriers conjurés de la Pologne, et transiger avec l'ennemi lui-même. Ils aimèrent mieux laisser tomber la cause de la patrie, que de rompre les liens, qui les attachaient à leurs usurpations. Par cette conduite honteuse et contrerévolutionnaire, ils affaiblirent, dans la nation, la confiance qu'elle avait en ses propres forces, refroidirent l'enthousiasme, découragèrent la valeur. La Pologne, en descendant encore une fois dans la tombe, reconnut, dans ses enfants, des défenseurs et des bourreaux. Cette fois encore elle n'a pas succombé à la violence des hordes de l'invasion, mais bien à l'égoïsme des privilégiés.

Cependant les premiers tressaillements du peuple, au signal de la révolution de novembre, annonçaient le plus bel avenir. Le mouvement, s'il n'avait pas été comprimé, aurait produit ses résultats inévitables. Il aurait émancipé la société tout entière, à travers les feux d'une guerre vraiment nationale, et aurait assuré le triomphe de la cause patriotique. Le peuple se serait levé comme un seul homme; il aurait armé du fer ses mains puissantes, et écrasé ses envahisseurs, sans secours étrangers; et la Pologne, depuis, l'Oder et les Karpaths, jusqu'au-delà du Borysthène et de la Dwina, depuis la Baltique jusqu'à la mer Noire, aurait établi sur le bonheur général son existence indépendante. Car il n'y a pas de forces qui puissent vaincre une nation de vingt-cinq millions d'hommes unis étroitement par le lien des libertés communes.

Le peuple polonais, avec cet instinct qui n'égare jamais, pressentait cette pensée de vie et de conservation. De jeunes esprits surent en comprendre toute la portée. Cette même pensée, sauvée du grand naufrage, passa sur la terre étrangère, avec une poignée de proscrits, pour mûrir au sein de l'Occident éclairé, d'où elle doit revenir un jour, afin de recevoir dans la patrie son entier développement.

C'est cette pensée qui donna naissance à la Société démocratique polonaise. La Société, après avoir exposé dans son acte de fondation, du 17 mars 1832, la nécessité d'une réforme sociale, résolut de travailler dans l'esprit des principes démocratiques, pour reconquérir l'indépendance du pays et pour opérer l'émancipation du peuple.

Afin d'atteindre ces résultats, elle fut obligée, par les circonstances de l'époque, de rectifier avant tout l'opinion publique, faussée par ceux qui trahissaient la cause nationale; de signaler l'indolence et la mauvaise foi de ceux qui, durant la dernière lutte, hypocritement investis de la majesté populaire, s'efforçaient encore à l'étranger de passer pour ses représentants; de faire connaître la vraie tendance de la révolution de novembre et les causes qui l'ont fait avorter; de rappeler à l'Europe les droits imprescriptibles de la nation, et de protester contre les traités qui ont consacré le crime des partages ; de présenter, sous un nouveau rapport et dans leur véritable lumière, la grande mission civilisatrice de la Pologne, les vrais besoins du peuple et ses forces indestructibles. En un mot, elle fut obligée d'éclaircir, de développer et de répandre dans l'émigration, en face de la Pologne et de l'Europe, les mêmes vérités qui, répétées sans cesse pendant la lutte, mais étouffées par le bruit des armes et la voix perfide des gouvernants, ne purent pas pénétrer dans les rangs de l'armée et dans les masses du peuple.

Ces travaux, malgré de nombreux obstacles, sont accomplis pour la plupart. Et quoiqu'il soit difficile de préciser combien la propagande démocratique a influé sur l'état général de la cause polonaise, cependant, dans le cercle étroit de l'émigration, nous ne voyons plus dominer les préjugés, dont l'empire fatal a réduit à l'impuissance nos anciens et nos récents efforts pour l'affranchissement. — Débris de l'anarchie nobiliaire, la foi aux personnes, qui divisait dans le commencement la famille des émigrés, fait place à la foi aux principes. Les doctrines démocratiques, conçues de mieux en mieux par la méditation des fastes nationaux, entrent de jour en jour plus avant dans la vie pratique, et ne peuvent plus être confondues avec la prédication de l'anarchie et du terrorisme. Faibles d'abord, et familières seulement à quelques rares démocrates, ces doctrines se sont étendues successivement, et ont détruit les illusions sous lesquelles l'aristocratie cachait ses desseins funestes, jusqu'à ce que vînt enfin la séparation complète, éclatante, de deux principes opposés. L'aristocratie repoussée, vaincue, et déclarée, dans l'émigration, ennemie de la cause de la patrie, est allée chercher son dernier refuge dans les sinuosités astucieuses de la diplomatie, pour prolonger, par cette prétendue sollicitude patriotique, aux yeux des crédules, le crédit dont elle jouissait autrefois dans le pays. Les partisans des principes démocratiques, de leur côté, réunis pour la plupart sous le seul drapeau de leur foi, se sont proposé, en n'en déviant jamais, de s'acquitter de leurs devoirs envers la patrie et l'humanité.

C'est ainsi qu'après avoir écarté les obstacles les plus voisins, après avoir concilié à ses principes de la considération et de la prépondérance parmi nos frères d'exil, après avoir acquis les conditions nécessaires à toute carrière politique, la force morale, et aussi un peu de force matérielle ; enfin après avoir confié, à l'institution choisie dans son sein, celles des fonctions extérieures qui de leur nature ne peuvent pas être remplies par toute la masse, la Société se sent aujourd'hui à même de travailler, avec plus de force, de succès, et par des moyens plus immédiats, à la réalisation de ses fins principales.

La Société, en s'établissant dans cette position plus haute, persuadée qu'une manifestation de ses idées franche, consciencieuse et non équivoque, est la meilleure garantie de la droiture de ses desseins et de l'efficacité de ses efforts ultérieurs, se détermine à renouveler, par un acte public, devant la Pologne et l'Europe, sa foi politique, et à exposer ses vues sur l'avenir.

Depuis presque un demi-siècle, la société européenne, sur les ruines de l'ancien ordre des choses, développe sa nouvelle destinée, cherche de nouvelles conditions de vie sociale. Cette tendance se manifeste de nos jours dans le monde intellectuel et politique par tant d'efforts et tant de mouvements populaires, et par les concessions mêmes des gouvernements, qui ne peuvent résister avec efficacité aux exigences de la pensée toujours mieux affranchie. Les défenseurs les plus éclairés de l'ordre ancien, ses destructeurs les plus timides et les plus audacieux, les hommes qui se tiennent au premier et au dernier échelon de l'échelle sociale, tous prévoient ou demandent la démocratie, c'est-à-dire l'abolition des priviléges, le règne de l'égalité.

Cette égalité, autrefois base vitale de la société des Slaves, puis développée et cultivée par toute la masse de la classe dominante, cette égalité qui doit servir de prélude au bonheur définitif de l'humanité, est le principe essentiel, invariable, national, de notre société; elle est l'étendard de son union, la foi commune de tous ses membres; car nous sommes profondément convaincus que l'ordre social, basé sur l'usurpation, et dans lequel les uns jouissent de tous les avantages de la vie sociale, tandis que les autres sont forcés d'en porter tous les fardeaux, est la cause unique des calamités de notre patrie, et de celles de l'humanité entière. Tant qu'existera cet ordre qui viole la justice naturelle, il y aura toujours une lutte sourde ou éclatante entre les opprimés et les oppresseurs, entre la masse condamnée forcément à l'ignorance, à la misère, à l'esclavage, et cette faible poignée d'hommes heureux qui se sont approprié tous les bénéfices de la vie sociale. Un développement libre et harmonique des forces nationales, ne peut avoir lieu au sein d'une telle anarchie. C'est ce qu'a compris l'humanité. Ainsi, la loi de l'égalité, qui jusqu'à présent n'a eu de vie réelle que dans la pensée même, doit recevoir nécessairement une application extérieure et socialement pratique.

C'est dans ce désir universel et infaillible de l'humanité, comme dans la pensée nationale, que nous puisons notre foi.

Êtres de même nature, tous les hommes ont des droits égaux. Ils sont tous frères, tous enfants du même père, Dieu ; tous membres de la même famille, l'humanité.

Chaque homme a le droit de chercher son propre bonheur, de satisfaire tous ses besoins physiques, intellectuels et moraux, de développer et de perfectionner toutes ses facultés, et de recevoir, d'après la mesure de son travail et de sa capacité, une égale part dans tous les avantages de la vie sociale.

Chaque homme a un même devoir à remplir : il doit chercher le bonheur des autres, les aider à satisfaire leurs besoins et à développer leurs facultés ; il doit limiter ses intérêts personnels, en vue du bonheur des autres et de la société entière ; il doit contribuer aux charges publiques, en proportion des avantages qu'il obtient de la vie sociale.

Le privilége, sous quelque nom qu'il se présente, est une exemption des devoirs généraux, ou bien l'usurpation d'un droit. Il est donc une négation de l'égalité, une violence de la nature.

Sans égalité, il n'y a pas de liberté ; car, où il est permis aux uns de faire ce que les autres ne peuvent faire, il y a d'un côté esclavage, de l'autre, despotisme, et dans toute la société, anarchie.

Sans égalité il n'y a pas de fraternité ; car, où les uns se dérobent aux devoirs, et où les autres en sont surchargés, il y a égoïsme d'une part, et d'autre part, abrutissement intellectuel et moral, et dans toute la société, haine réciproque entre les membres.

Le droit de l'homme a sa source dans la nature individuelle, dans la liberté ; le devoir émane pour lui de sa nature sociale, de la fraternité. Entre les droits et les devoirs, l'harmonie est nécessaire. La société est obligée de créer et de maintenir cette harmonie ; où les individus sont tout, et la société rien, là est le règne de l'anarchie ; où la société détruit toute individualité, là est le règne du despotisme. Ni l'anarchie, ni le despotisme, ne sont dans la nature des sociétés. Ce ne sont que des excès contraires.

La société, fidèle à ses devoirs, assure à tous ses membres des avantages égaux, donne la même assistance à chacun, pour qu'il satisfasse ses besoins physiques, intellectuels et moraux ; elle ne reconnaît qu'au travail le droit de posséder la terre et toute autre propriété ; elle développe les facultés de ses membres par une éducation publique, uniforme, et accessible à tous, ainsi que par la liberté entière et illimitée de manifester sa pensée ; elle n'enchaîne pas la liberté de la conscience par l'intolérance et la persécution ; elle écarte les obstacles de l'égoïsme et de l'ignorance de la vie sur laquelle doivent s'accroître et se développer les forces nationales ; elle conduit sur la route du progrès et du perfectionnement continu, non pas seulement des portions éparses et détachées de la nation, mais bien sa masse tout entière.

La société ne peut remplir ces devoirs sous aucune forme qui reposerait sur le principe anti-social par excellence, à savoir sur le privilége ; car chacune de ces formes aristocratiques a pour conséquence inévitable le partage inégal des avantages et des charges de la vie sociale ; chacune d'elles, divisant les hommes en maîtres et en sujets, donne aux uns le pouvoir, les richesses et les lumières, aux autres l'asservissement, la pauvreté et l'ignorance. Le sort et l'avenir de la société ne dépendent pas d'elle-même, mais de la classe dominante, de quelques privilégiés. Donc toute forme qui viole le principe général de l'égalité est contraire à la nature, à la justice et à la vérité.

Tout pour le peuple, tout par le peuple, voilà le principe de la démocratie le plus général ; il renferme à la fois le but et la forme. Tout pour le peuple, tout pour tous, c'est le but ; tout par le peuple, tout par tous, c'est la forme.

Sous la forme qui a l'égalité pour base, tous ont l'intérêt commun en vue; il n'y a point de division, il y a unité; cette unité se manifeste partout; elle fait naître l'harmonie générale, et produit la force qui assure au peuple l'accomplissement de sa mission nationale au milieu d'autres nationalités. La souveraineté du peuple, dans la démocratie seulement, cesse d'être une fiction : tout membre de la société y a sa part égale. Ce n'est pas une portion de l'universalité des citoyens qui fait les lois, mais toute la nation; car c'est dans la conscience des masses que reposent la plus sûre garantie des lois, et la certitude qu'elles seront une manifestation de la justice éternelle et infaillible. Si le pouvoir élu par le peuple pour les exécuter cesse d'être providentiel, et qu'il ne réponde pas aux besoins généraux, à la volonté générale, il ne peut être écarté, sans secousse violente, que dans la forme démocratique; c'est en elle seule qu'on peut tranquillement introduire tous les changements que pourraient exiger le progrès continu et une manifestation de plus en plus large de la pensée nationale.

Les sociétés, ainsi organisées dans une direction en harmonie avec le but commun et général, peuvent accomplir leurs missions particulières. Pour aller à ce but, il n'y a qu'une seule voie, c'est le perfectionnement continuel et simultané de l'ordre physique, intellectuel et moral. Ce perfectionnement, qui consiste en un développement libre et harmonique de toutes les forces nationales, ne peut avoir lieu, si chaque société ne se perfectionne pas, dans toute la masse de ses membres. Or, toute la masse ne peut se perfectionner, si tous les hommes ne remplissent pas leurs devoirs et n'exercent pas leurs droits, si enfin le principe général de l'égalité est violé par quelque privilége.

L'égalité donc renferme toutes les conditions du bonheur individuel et social. Sans elle, ni l'individu, ni la société, ni l'humanité entière, ne peuvent accomplir leur mission.

L'égalité sera réalisée par deux sentiments grands et puissants : la fraternité et la liberté. L'amour de l'humanité a une force magique. Cette force, elle s'accroît tous les jours. La liberté est également une force impérissable qui enveloppe des masses de jour en jour plus nombreuses. L'amour de l'humanité et la liberté, unies ensemble, bouleverseront l'ancien monde des priviléges; le même amour et la liberté construiront un nouveau monde, le monde de l'égalité.

C'est ainsi que nous concevons les principes à la réalisation desquels tend aujourd'hui l'humanité; c'est sur eux que nous fondons la prochaine régénération de la société polonaise, et c'est dans leur esprit que nous travaillons à la conquête de son indépendance.

La Pologne donc indépendante, et la Pologne démocratique, voilà les fins de notre association.

Ce n'est pas une partie, une fraction du grand peuple, mais toute la Pologne par ses antiques limites, qui peut assurer son existence et accomplir sa mission. La nation a déchiré à la face du monde, dans sa dernière lutte, les traités qui lui avaient garanti sa prétendue indépendance et d'étroites fractions de son vaste territoire. Les transactions des auteurs ou des complices du crime commis sur la Pologne, ne peuvent pas obliger la Pologne; elle n'a jamais pactisé avec ses assassins, et tout entière elle a toujours été une protestation vivante et saignante contre les conditions imposées à son existence.

La Pologne régénérée et indépendante sera démocratique. Tous, sans distinction de naissance ou de croyance, recevront en elle l'émancipation intellectuelle, politique et sociale. Un nouvel ordre embrassant la propriété, le travail, l'industrie, l'éducation, et toutes les relations sociales, un nouvel ordre basé sur le principe de l'égalité, se substituera à l'anarchie, que les usurpateurs ont jusqu'ici décorée du nom de lois. La Pologne régénérée ne peut plus être une république aristocratique. La souveraineté reviendra au peuple; la classe qui a jadis dominé, se dissoudra définitivement; elle descendra au milieu du peuple, elle se fera peuple; tous seront égaux, tous seront libres, tous seront enfants de la même patrie.

La Pologne indépendante et démocratique est seule capable d'accomplir sa grande mission, de rompre l'alliance de l'absolutisme, de détruire l'influence funeste de cet absolutisme sur la civilisation occidentale, de répandre l'idée démocratique parmi les Slaves qui servent aujourd'hui d'instrument au despotisme, de les unir par cette idée, et même de donner l'initiative à l'émancipation des peuples européens, par ses vertus, par la pureté et la force de ses intentions.

Pour reconquérir son indépendance, la Pologne a dans son propre sein des forces gigantesques, qu'aucune voix franche et consciencieuse n'a encore su mettre en mouvement. C'est une puissance presque ignorée, également formidable aux ennemis du dehors et à ceux du dedans; c'est par elle que la Pologne se relèvera. Le peuple polonais, dépouillé de tous ses droits, accablé d'ignorance, de misère et d'esclavage, laboure jusqu'à présent au profit d'autrui la terre nationale qui lui a été ravie il y a des siècles; jusqu'à présent encore, dans les provinces envahies par le Moscovite depuis soixante ans, il est vendu avec la glèbe comme sa partie intégrante. L'humanité souffrante et outragée en lui, crie hautement justice; mais ses oppresseurs domestiques ont été sourds à cette voix.

Durant les derniers efforts pour l'indépendance, en abusant du mot sacré d'amour de la patrie, ils voulaient, avec des phrases sonores seulement, nourrir le peuple que le malaise physique tourmentait; ils voulaient qu'il versât tout son sang pour une patrie qui depuis tant de siècles payait son travail de mépris, d'humiliation et de misère; ils lui crièrent de s'insurger et de détruire les envahisseurs, eux qui avaient eux-mêmes envahi ses droits!... Aussi un faible écho répondit à leurs cris hypocrites, et nous avons succombé.

Si cette leçon épouvantable, achetée au prix de tant de sacrifices, ne doit pas être perdue, si l'insurrection à venir ne doit pas être une triste répétition des insurrections passées, le premier mot d'ordre du combat doit être : l'émancipation du peuple; la restitution en propriété, et sans aucune réserve, de la terre qui lui avait été ravie, la restitution de ses droits, l'admission de tous, sans acception d'origine ni de croyance, au partage des avantages de la vie indépendante.

Il n'y a que cet accomplissement d'une justice loyale, franche et sans équivoque, qui puisse développer, dans toute la masse des opprimés, le véritable sentiment de dévouement, qui puisse inspirer cette grande conviction qu'un peuple de vingt millions d'hommes est à même de bouleverser la coalition de l'Europe entière, comme l'a fait la France républicaine. Peu de nations ont égalé la nation polonaise dans l'amour du sol natal ; dans les sacrifices, aucune ne l'a surpassée. Si dans la dernière insurrection, l'ennemi le plus puissant de l'humanité n'a pu se glorifier d'aucune victoire pendant dix mois de lutte, malgré tant de fautes, de trahisons et d'incapacité dans les chefs, que seront donc ses hordes armées en présence de toutes les forces nationales, suscitées au combat par l'amour de la patrie et par la justice éternelle ?

Pour consolider son indépendance reconquise, la Pologne a également dans son propre sein des éléments nationaux. L'idée démocratique, d'abord répandue dans toute la nation, puis développée et cultivée dans la classe des nobles, peut aisément être inculquée à tout un peuple qui, malgré son long esclavage, conserve encore des instincts d'attachement pour ses institutions primitives. L'humanité souffrante chez nous, ne ressemble point à celle de l'Occident de l'Europe : elle n'est point atteinte de la corruption et de l'égoïsme de la classe privilégiée ; elle a gardé jusqu'ici toute la simplicité de ses anciennes vertus, la probité et le dévouement, le sentiment religieux, des mœurs pures et douces. Sur un terrain aussi frais et aussi vierge, cultivé par les loyales mains de la fraternité et de la liberté, fleurira facilement l'arbre de l'antique égalité nationale.

La Pologne donc a *toutes* les conditions nécessaires pour reconquérir son existence indépendante et démocratique. Elle est capable de se relever par ses propres forces, de détruire ses conquérants, de briser le joug intérieur, et d'organiser son existence sur les bases indestructibles de la démocratie.

Mais la Pologne, outre ses propres forces, a des alliés naturels. Récemment encore, pendant sa lutte sanglante contre l'oppression étrangère, chacune de ses victoires fut saluée par les cris d'allégresse et d'admiration de toute l'Europe ; et nous, représentants des malheurs et de l'espoir de la nation asservie, nous avons trouvé des cœurs ouverts pour nous et l'asile de la sympathie générale. Les peuples se sont alliés avec l'esprit immortel de la Pologne, et ils se sont tendu une main fraternelle sur cette même tombe, auprès de laquelle l'absolutisme avait conclu son exécrable alliance. Notre ennemi est devenu le leur, et leur ennemi est devenu le nôtre. Aussi, convaincus que les haines nationales, jadis excitées et nourries par le despotisme, ont tout-à-fait disparu, croyons-nous en une coopération franche des peuples, basée sur la fraternité générale et sur le besoin commun de l'émancipation.

Les traités des cabinets ne rétabliront pas la Pologne, et les guerres monarchiques ne rendront pas la justice au peuple. La patrie nous est néanmoins si chère, ses plaies nous font réellement tant souffrir, que nous ne manquerons pas de profiter de tout événement, de toute circonstance favorable. Nous embrasserons donc tout ce qui peut être utile à la cause de notre patrie, tout ce qui peut seconder et hâter la réalisation de nos fins principales.

Tel est l'exposé consciencieux, franc et non équivoque de nos principes, de nos fins et de nos ressources. Nous consacrerons toute notre vie à leur réalisation. Nous avons juré, devant la patrie et devant l'humanité, de ne point nous reposer, avant que la Pologne n'ait reconquis son indépendance, et assuré son existence sur les principes démocratiques. Ce serment solennel que nous avons fait, avec l'enthousiasme du jeune âge, nous le tiendrons avec la persévérance de l'âge mûr. La grandeur de l'entreprise ne nous a point effrayés ; les adversités ne nous décourageront pas non plus; car la justice que nous demandons et la vérité que nous proclamons portent en elles une force toute-puissante.

Quiconque croit, comme nous, dans la sainteté de nos fins, dans la droiture de nos principes, et dans l'efficacité de nos moyens; quiconque porte un cœur que la patrie seule et l'humanité font battre, que celui-là vienne joindre ses efforts aux nôtres! Nous ne tendrons pas les mains aux hommes d'une autre croyance; car nous ne sommes pas faits pour les désertions de principes. Nous ne sacrifierons pas notre foi politique à quelque unité apparente, et nous n'achèterons pas une concorde momentanée, au prix des mesures incomplètes. Tout au contraire! notre mission et notre résolution irrévocable sont, de combattre toutes les Sociétés qui seraient fondées sur des bases opposées aux nôtres et qui tendraient au pouvoir. Nous ne reconnaissons pas, pour directeur de la cause nationale, même la ci-devant diète, si elle pouvait se recomposer encore, n'importe en quel nombre; précisément parce qu'elle a représenté les priviléges et qu'elle a fait avorter la révolution de novembre; et loin de toute entreprise qui n'aurait pas un rapport direct avec la cause de la patrie, nous travaillerons, par la Société pour la Pologne, et par la Pologne pour l'humanité.

Enfin, nous déclarons que nous sommes bien éloignés de vouloir saccager notre propre pays. Ce n'est pas avec le glaive de l'Archange, mais le livre des fastes nationaux en main que, d'un côté, nous allons prouver aux opprimés qu'ils ne sont obligés, ni par les lois divines, ni par l'oppression de quelques siècles, de rester plus long-temps dans la misère et dans un esclavagé qui dégrade la dignité d'homme; d'un autre côté, en éveillant ces mêmes sentiments de justice éternelle, en alléguant les mêmes souvenirs historiques, nous ne cesserons d'exhorter les héritiers des usurpations et des priviléges nobiliaires, au nom de leur propre intérêt, au nom des lumières du siècle, et notamment au nom magique pour nous tous, d'amour de la patrie, à restituer enfin ses droits ravis au peuple. Nous ne savons pas si le sentiment de la justice dans les uns, ou l'impatience et l'espoir trompé dans les autres, donneront le signal de l'affranchissement de la Pologne. Si cependant la réforme indispensable de l'ordre social, et l'indépendance qui la suivra ne pouvaient se passer d'une secousse violente; si le peuple était forcé de juger sévèrement le passé, de venger l'injustice qui lui a été faite, et d'exécuter les arrêts irrévocables du temps, nous ne sacrifierions pas le bonheur de vingt millions d'hommes à une poignée des privilégiés; et le sang fraternel versé retomberait sur la tête de ceux-là qui, dans leur opiniâtreté criminelle, placeraient leurs sentiments égoïstes au-dessus du bien commun, et au-dessus de l'affranchissement de la patrie.

(*Suivent les signatures au nombre de* 1,135.)

Pour copie conforme,

Les membres de la centralisation,

Signé: Lucien Joseph Zaczynski, Victor Heltman, Henri Jakubowski, Thomas Malinowski, Adolphe Chrystowski, Rob. Chmielewski, Alexandre Molsdorf, Jean Népomucène Janowski.

Cette belle déclaration de principes, publiée en polonais, en allemand et en anglais, est traduite ici, pour la première fois, en français. Le ministère s'était toujours opposé à cette traduction, crainte de s'attirer les mauvaises grâces de l'empereur Nicolas. C'est sur les trois textes, polonais, allemand et anglais, que nous avons eu soin de la faire traduire, grâce à l'obligeance des Anglais, amis de la Pologne.

Les journaux radicaux anglais de l'époque donnèrent les plus énergiques éloges à la rédaction de cette pièce : *The Constitutionnel of the true sun*, s'écriait « qu'il serait répondu partout, avec enthousiasme, à l'appel de la *Société démocratique polonaise;* car sa cause était la cause du peuple et celle du genre humain contre l'oppression. »

Le *The London dispatch*, réformateur politique et social du peuple, du 26 février 1837, disait : *Que la Pologne réalise seulement les principes de cette déclaration, et elle deviendra la première nation de l'Europe!* D'après le *The new moral World*, « ce manifeste est une déclaration énergique, et digne d'être placée à côté de la fameuse déclaration des droits publiée par l'Amérique septentrionale, il y a près de soixante ans. »

La *Société démocratique de l'Orient de Londres* publia une adresse à la Société polonaise démocratique à cette occasion, pour déclarer « que la démocratie anglaise adhérait avec enthousiasme aux principes émis dans ce manifeste, et à l'espoir que la Pologne affranchie ne serait plus désormais que démocratique, et que l'oligarchie y serait abolie à tout jamais ; en conseillant enfin aux émigrés de ne placer leur confiance dans aucune puissance étrangère, mais dans les seules forces nationales.

L'*Association des ouvriers de Londres* ne tarda pas à suivre l'exemple de la *Société démocratique de Londres*, en insérant dans les journaux d'Angleterre une énergique et éloquente adhésion. »

En France, il fut défendu d'en parler : le *Réformateur* avait brisé sa plume, plutôt que d'accepter le bâillon des lois de septembre.

Les principes développés dans cette pièce importante, avec une telle profondeur de pensée, un tel accent de conviction, une logique si serrée, et une chaleur d'expression qui s'élève jusqu'à la poésie de l'insurrection nationale, n'auraient pas trouvé grâces, à cette époque, devant ces fils parvenus de la presse française, qui, dans leur ingratitude draconienne, voulurent un instant frapper leur toute-puissante mère, d'un glaive que le seul mépris de l'opinion publique a brisé entre leurs débiles mains.

Forte de l'adhésion des puissances populaires de tous les pays du monde et de la concorde qui régnait dans son sein, la *Société démocratique po-*

lonaise a imprimé à son organisation le cachet des gouvernements révolutionnaires, les seuls capables de lutter contre l'absolutisme pour amener les peuples au gouvernement fondé sur une sainte égalité.

Elle a établi à sa tête un comité central, sous le nom de *centralisation*, qu'elle a investi de pleins pouvoirs par l'arrêté suivant, en date du 29 mars 1837 :

Arrêté concernant la centralisation.

Art. 1er. La Société démocratique polonaise confie à sa *centralisation* l'exécution de toutes les mesures ayant pour but la question extérieure, et qui, de leur nature, ne sauraient être l'œuvre de tous les membres à la fois.

Art. 2. Il est interdit à la *centralisation* de s'écarter en rien, dans ses fonctions, de l'esprit, du but et des moyens d'action que la Société a indiqués publiquement dans son manifeste.

Tout ce qui aurait été fait par elle, contrairement à ces réserves, sera considéré comme nul de plein droit, et serait un motif de radiation pour tous les membres du comité ; les noms des membres exclus seraient livrés à la publicité, comme ayant trahi la confiance de la Société tout entière.

Art. 3. La *centralisation* sera composée de cinq membres. Il suffit de la présence de trois membres pour délibérer.

Art. 4. La *centralisation* est autorisée à s'adjoindre un certain nombre de membres de la Société, pour l'aider dans ses travaux administratifs.

Les membres adjoints n'ont que voix consultative, et ne sont pas responsables des actes de la *centralisation*.

Art. 5. Toutes les délibérations de la *centralisation*, excepté celles que désigne l'art. 1er du présent arrêté, auront lieu en séance publique pour tous les membres de la Société.

Art. 6. Toute disposition contraire au présent arrêté est abrogée.

La Convention nationale française ne nommait pas ses comités avec plus de concision et de prévoyance, et l'on sait quelle latitude cachait la concision de ses arrêtés. Espérons que l'analogie des deux institutions, l'une française et l'autre polonaise, ne s'arrêtera pas aux mots seulement, et qu'un jour la *Société démocratique* intimera, comme le faisait la Convention, aux généraux de la république polonaise, *l'ordre de vaincre ou de mourir, à la tête des paysans, enfants de la patrie.*

XII.

Avenir de la Pologne.

J'aurais pu écrire : *Avenir du monde;* car la question qui s'agite sur les bords de la Vistule ne diffère, pas même dans les termes, de celle qui se débat aujourd'hui, et à ciel ouvert, d'un pôle à l'autre.

Le monde est en travail d'un nouvel ordre de choses; la lutte qui dure depuis six mille ans et plus, entre tel homme et tel fils de l'homme, entre le plus et le moins, entre le fort et le faible, le riche et le pauvre, le méchant et le juste, l'égoïsme et le besoin; cette lutte acharnée n'est plus dans les desseins de la Providence; le doigt du peuple, qui est un des doigts de la main de Dieu, s'apprête déjà à lui imposer un terme. Quel jour et en quel lieu le grand artisan commencera-t-il à mettre la main à l'œuvre? Ce jour sera le premier d'une ère nouvelle; ce lieu, si peu étendu qu'il soit, sera le berceau de la régénération humaine, qui se propagera, de proche en proche, avec la rapidité d'un bienfait du ciel.

Ce jour est proche, et ce lieu est quelque part autour de nous en Europe.

Mais comment ce résultat, présent des cieux, s'effectuera-t-il sur la terre?

Sera-ce par l'élévation de ceux qui sont abaissés et l'abaissement de ceux qui sont élevés?

Par les représailles du parti qui souffre, sur celui qui exploite la jouissance des intérêts matériels? par une défaite et une victoire?

Ce ne serait pas là une fin définitive; ce ne serait qu'un déplacement de la question, qu'une seconde représentation, avec quelques changements de costume, d'un drame qui se joue, depuis six mille ans, sur la scène ensanglantée du monde.

Conseiller au pauvre de mettre fin à ses maux, en prenant la place du riche, c'est chercher à résoudre la question par une pétition de principes; c'est mettre des pauvres à la place des riches, et des riches à la place des pauvres.

Conseiller au pauvre de se venger enfin de la dureté du riche, c'est perpétuer le système de bascule des réactions et des vengeances; c'est vouloir maintenir le règne de l'oppression dans la civilisation humaine.

Ce n'est pas au pauvre que je m'intéresse le plus, c'est à l'opprimé; l'oppresseur qui s'attirait ma haine, récupère ma pitié, dès qu'il est opprimé à son tour.

La question est interminable, tant qu'on ne l'envisage que sous ce rapport. Vous le voyez par nous : la révolution française, dans le cours de laquelle malheureusement, il faut bien l'avouer, ce rapport a un peu trop dominé, la révolution française est tout entière à reprendre. N'ayant fait que déplacer les termes, il ne s'est pas moins trouvé, après qu'avant, des riches maîtres de tout, des pauvres maîtres de rien, pas même de leur personne; toujours et encore une fois, des oppresseurs et des opprimés.

N'attendez pas que je proclame en principe la nécessité d'une révolution semblable! On accepte et l'on affronte de telles révolutions, comme on accepte le combat; mais on ne les provoque jamais de soi-même. On peut se battre, au premier rang de son parti, contre les partis qui appellent le retour ou demandent le maintien de ces sortes de luttes; mais on maudit celles-ci, tout en luttant.

Oh! non, n'allons pas recommencer l'histoire, cette histoire qui nous pue au nez, depuis six mille ans qu'elle se traîne dans un sentier de boue et de sang.

Étrangers, qui, sur la terre d'exil, avez ressorti, du fond de votre havresac, les titres que vous avait distribués, avec une si choquante inégalité, votre patrie marâtre, nobles jouisseurs! serfs laborieux, vilains studieux! vous tous qui retardez, à votre insu, ou appelez de votre impatiente ardeur le 89 de la Pologne, ne posez plus la question de cette manière : « A qui appartient le sol? qui doit posséder la terre, de toi ou de moi?» la question, ainsi posée, change de face tous les quarts de siècle, et c'est une phrase à recommencer, tantôt par un bout, tantôt par un autre; quatre fois tous les cent ans.

Sa nomenclature se compose des mots : *avoir*, *posséder*, *ravir*, *usurper*, *reprendre*, *restituer*, *voler*, *être volé*, *spolier*, *être spolié*, *conquérir*, *être envahi;* cercle vicieux de sons vides de sens, dans lequel on s'entr'égorge ici, pour aller recommencer à s'entr'égorger plus haut ou plus bas.

Vous demandez : *A qui appartient le sol?* Je vous demande à mon tour : *A qui appartient le monde?* La réponse est : *A Dieu, qui l'a créé pour l'homme et non pour quelques hommes.* Tout débat qui ne part pas de ce principe est faux; et voilà pourquoi tous nos débats relatifs à la propriété paraissent puérils et pleins de vanité, dès qu'on les ramène à ce principe si banal et si simple.

L'homme s'est partagé la terre, et le partage a eu lieu sans procès et sans opposition, tant qu'il y a eu plus de lots que d'adjudicataires, et plus de surface inoccupée que d'habitations. Le malaise a commencé avec la gêne; on s'est contrarié, dès qu'on est venu à se toucher les coudes et à se froisser en passant; la guerre a éclaté, dès qu'il n'y en a plus eu assez pour tout le monde. Après la guerre d'extermination, les survivants ont compris le besoin d'écrire les conditions de la paix, et de régler par des contrats leurs droits respectifs de propriété et de voisinage. Cet équilibre s'est maintenu jusqu'à la majorité de la génération suivante; et les pères n'étaient pas tous descendus dans la tombe, que le clairon des batailles remettait de nouveau tout en question.

Tenter de posséder semble être le synonyme d'avoir le droit de bouleverser et de détruire, comme celui de conserver.

Cela m'appartient. — De quel droit? — Si c'est du droit du plus fort, j'attendrai que je sois le plus fort pour te le reprendre. C'est, me diras-tu,

tient que sur la crainte et sur l'intimidation; la guerre est en germe au fond de ce croissant murmure; la paix n'est qu'une trève de quelques jours; et la fin de la guerre, c'est toujours la victoire, c'est l'empiètement sur le grand nombre, au profit de quelques uns qui sont les chefs; c'est la spoliation des vaincus, c'est la conquête; c'est le droit de commander, parce qu'on est le plus fort, et de se faire servir par les plus faibles. Mais ce bouleversement n'arrive pas jusqu'à la terre, qui conserve sa croûte, et ne se déplace pas avec les vaincus. On n'emporte le sol ni sur l'affût d'un canon, ni dans le fourgon des ambulances.

Ce n'est pas la terre qu'on a conquise, c'est l'homme : on s'est fait des esclaves, en acquérant de nouvelles propriétés. L'enfant de la terre, libre, exploitait le sol d'après sa volonté; vaincu, il l'exploitera désormais avec les mêmes forces, mais sur l'ordre et d'après les caprices d'autrui; il était maître, il est ouvrier; il obéit à autrui, au lieu de n'obéir qu'à lui-même; il est le corps dont le maître est l'âme; le sol qu'il exploite, il en jouit et en dévore le revenu, pour une part, comme son maître pour une autre; mais de ce revenu il a toute la fatigue, et le maître le superflu; c'est là qu'est la différence et pas ailleurs : le droit de ne rien faire, et la nécessité de travailler.

La possession n'est donc pas synonyme d'exploitation ; car autrement, dans ce sens, nul ne serait plus riche possesseur que le pauvre qui travaille et laboure. S'il suffisait, pour posséder un sol, de le fouler aux pieds, de le manier, de le retourner à dix-huit pouces de profondeur, d'en compter deux fois par an une à une toutes les mottes de terre, de s'y abriter sous le dôme des arbres contre les feux du soleil, et aux feux du soleil contre l'hiver et les glaces, le paysan possèderait plus que son maître. Mais ce n'est pas ce qu'on entend par posséder. On possède à distance, et sans avoir même jamais vu sa possession; on possède, parce que l'on commande, et parce qu'on a droit de prélever; et l'on commande par le droit qu'on a d'imposer à tel homme tel travail et telle corvée, comme on a le droit de fouetter un cheval et d'atteler un bœuf à la charrue. La possession du sol aboutit enfin à rendre l'homme instrument passif de l'homme.

Tout cela est-il dans la nature? non, mais dans les institutions humaines, qui passent aussi vite que le temps, et qui se bouleversent tous les quarts de siècle, pour changer de couvre-chef et non d'habit. Nous jouons à qui perdra ; c'est un jeu aléatoire, où la fortune et la tête sont le double enjeu, et dont les dés sont chiffrés avec des gouttes de sang; jeu immonde et féroce, où l'on se traque comme des bêtes fauves, pour savoir, de par le sort, qui aura droit de passer quelques heures sur ces débris fumants de carnage, et où le pied enfonce à chaque pas.

Infortunés mortels! que nous sommes à plaindre de ne savoir plus vivre comme nos premiers pères, et de chercher à agrandir tous nos titres, en portant autant d'atteintes à la majesté du premier titre de tous, de celui d'homme, par lequel nous tenons à l'esclave que nous avons dégradé! Qui pourrait s'honorer d'un titre qui nous assimile à des rebuts? Est-il si beau de se sentir homme, quand l'esclave a droit de se dire homme comme nous? Je me surprends fier de mon origine, en jetant les yeux sur le coursier qui va moins vite que les machines que je meus d'un peu de mon souffle; sur le castor, qui bâtit moins bien que moi. Mais, en vérité, maître ou seigneur, je me sentirais humilié à côté de mes esclaves, et je me hâterais de les élever jusqu'à moi, ou même de descendre jusqu'à eux, plutôt que d'avoir toujours devant les yeux la satire vivante de ma race; et si mes esclaves commençaient à devenir un peu plus nombreux que la race des maîtres, j'en aurais peur; car, en ce monde, c'est le grand nombre qui finit immanquablement par faire la loi.

La Pologne touche à ce moment, qui est déjà bien loin de nous en France. L'esclave a passé par la phase du serf, pour arriver au titre de paysan; il est à la veille de se proclamer libre; et s'il l'eût fait explicitement dans la nuit du 29 novembre 1830, la Pologne serait aujourd'hui debout, invitant avec la voix de la foudre, les paysans russes à reprendre à leur tour leurs droits. Ne nous occupons plus de cette question que par rapport à la Pologne.

Riches et nobles de l'antique Pologne, l'invasion des Moscovites a fait table rase sur vos prétentions de caste et vos titres de propriété. Pauvres exilés, que vous reste-t-il en Pologne? pas même une pierre de la route, pour y reposer votre tête dans vos pieux pèlerinages : cette pierre serait un délateur. Que reste-t-il à vos frères de Pologne? Des titres fictifs et précaires, des souvenirs, plutôt que des réalités et des valeurs. Le plus riche, en cet instant, peut devenir, l'instant suivant, plus pauvre que le dernier de ses serfs : qu'un Cosaque se présente à sa porte avec un ukase de l'autocrate au bout de sa lance, et il doit partir nu comme un ver de terre, et à pied comme un paria, pour la Sibérie, vers ces cachots dont l'hiver est le geôlier, où la victime s'immole sur un *auto-da-fé* de glaces, où l'on entre enfin esclave, et d'où l'on ne peut sortir qu'affranchi.

Qui possède chez nous, en France, et dans les pays démocrates? L'État, en principe, et les particuliers, en fait, sous la haute surveillance de l'État, et à la condition de faire profiter à l'intérêt de tous, la propriété qui est échue à chacun par héritage ou par acquisition.

Qui possède en Pologne? L'ennemi de l'État, et personne autre. Le droit de confiscation le rend maître du sol et des hommes. Nobles possesseurs de serfs, vous et vos serfs, vous êtes les serfs de l'autocrate; vous lui payez une redevance, sur ce dont il vous laisse l'usufruit. Un joug d'humiliation pèse sur le noble, quand un joug de labeur seulement pèse sur la tête du paysan. Les paysans, plus nombreux et plus indispensables au sol que ne sont leurs illustres maîtres, sont, par le fait, plus à l'abri des coups du maître des maîtres, et moins exposés à se voir exproprier. On n'exproprie pas les serfs, on ne fait que les fustiger, s'ils sont indociles; mais ce n'est pas envers le tzar qu'ils peuvent être indociles, et vous n'osez plus prendre la verge, crainte que le tzar ne pense que c'est sur ses Cosaques que vous la levez. Qu'est-ce donc qu'une autorité d'esclaves, pour dompter des esclaves?

La possession du sol de la Pologne est donc tout entière remise en question; nous pouvons la reprendre, sans crainte de provoquer un bouleversement pire que celui qui l'afflige. Il nous est permis de prêcher la nécessité d'une révolution radicale et illimitée en principe là, où des mesquines insurrections n'ont abouti qu'à amener d'insolentes invasions.

Si vous continuez à admettre que le noble a droit de posséder des hommes, vous admettez par le fait que le tzar a droit aussi de vous posséder ; il a inscrit son titre de possession au dos des vôtres, et vos titres sont en ses mains.

Si vous reconnaissez par vous-mêmes combien est odieuse cette possession d'un seul, vous déchirez en fait vos titres de ce genre par rapport aux autres : ne vous opposez donc plus à établir dans votre patrie le principe qui régit aujourd'hui tous les États constitutionnels et qui établit qu'en thèse générale le sol appartient à l'État ; l'homme, quel qu'il soit, à la patrie ; et le perfectionnement des institutions à tous à la fois.

La patrie doit être une et indivisible, avec une seule espèce d'hommes, qui sont les citoyens ; de toute autre manière, rien n'y est qu'usurpation et instabilité.

Or, tout citoyen a droit à sa liberté individuelle ; ce droit, il le tient de son organisation, qui le rend de sa nature l'égal de tous les autres ; enfant des mêmes lois divines, il a le droit de vivre comme ses semblables, et de se mettre en rapport, comme tous les autres, avec les influences qui font vivre.

Il a donc un irrévocable droit à une part des produits du sol. L'homme à qui la barbarie de quelques uns refuserait avec obstination à manger, aurait le droit de prendre sa nourriture partout où il la trouverait à sa convenance, de gré ou de force; le vol pour lui, et par le fait de ses cruels oppresseurs, serait le plus saint des devoirs; car la loi de Dieu lui interdit le suicide.

Mais ces produits, il faut qu'il se les prépare, qu'il se les enfante et les manipule; car il n'a pas droit d'imposer à d'autres le soin de le nourrir sans travailler lui-même; c'est une faveur que quelques uns peuvent obtenir de la masse, ce ne peut jamais être le lot d'un grand nombre. Ce droit, du reste, serait contradictoire dans les termes, puisque tout autre l'aurait également par rapport à lui.

Le droit de liberté, qui est le droit de vivre, suppose donc le droit de possession au même titre que tous les autres; possession des instruments de travail et des éléments de production. Où serait la liberté de l'homme, s'il ne s'appartenait pas en qualité de travailleur? Et comment s'appartiendrait-il en qualité de travailleur, si le champ qu'il exploite, un autre avait le droit de le lui soustraire, quand bon lui semblerait? Le droit de cité suppose la propriété; que serait autrement la liberté, si ce n'est la liberté de mourir de faim?

L'homme s'appartient donc à lui-même; il se doit à l'État par devoir et par dévouement; s'il s'y refuse, l'État lui laisse liberté pleine et entière; il peut partir renonçant à ses droits et dégagé de ses devoirs et de ses serments; mais tant qu'il reste, il est soumis à la volonté générale et participe aux priviléges de tous.

La prétention que l'homme soit l'esclave de l'homme, est une de ces impertinences, je vais plus loin, un de ces blasphèmes contre la divinité, que l'esclave brise sur la figure du maître, dès l'instant qu'il en a la force; et, en tout état de cause, il en a le droit.

En définitive, l'État en principe est le propriétaire du sol; les citoyens sont de simples possesseurs des portions du sol, relevant uniquement de ce maître collectif, et non de personne autre.

Est-ce à dire pour cela qu'à chaque instant la possession et le droit de propriété puissent être remis en question? Non, car tout bouleversement qui n'est pas nécessaire et indispensable, est funeste à tout le monde.

La constitution d'un pays s'améliore et se réforme, non par des bouleversements opérés avec caprice, mais par la discussion générale et les mesures prises en commun.

Ces idées de pillage par le droit du plus fort, de partage et de lois agraires, peuvent être prêtées à un parti avancé, par les fourbes qui exploitent l'imbécillité d'un autre. Mais, ce n'est rien de tout cela que le parti auquel j'appartiens, rève et se prépare à exécuter.

C'est quelque chose de saint et de sacré qu'il médite! Il demande la proclamation d'un principe immuable et trop long-temps méconnu ; il veut qu'on l'inscrive, en tête de chaque constitution, ce principe, où commence le progrès qui ensuite n'a plus de terme.

Mais ce principe une fois admis, on respecte certains faits acquis, pour rester fidèles dès le début aux conséquences du principe. L'un de ces faits, c'est la propriété telle qu'elle est constituée aujourd'hui, en tout ce qui ne froisse ni la liberté ni les intérêts des autres.

N'entreprenons pas de la bouleverser de fond en comble : notre vie entière ne suffirait pas à remettre tout sur place ; et le moindre point en stagnation et en jachère amènerait la famine dans la population entière, et souvent la ruine complète des institutions favorables au progrès.

C'est là une nécessité générale que la réforme doit subir, en présence même des plus graves abus. Il faut laisser, au développement indéfini du principe, le soin de ramener, par une pente douce et insensible, la patrie et la société dans leur état normal. Le jeu régulier de ce principe finira par régler avec le temps toutes les anomalies, et effacer les inégalités choquantes, dans l'intérêt de tous et au détriment de personne.

Or, ce plan est dans le cas de recevoir, dès à présent, en Pologne, un commencement de réalisation, sans qu'on ait recours à un remaniement radical de la propriété tout entière. Le paysan, aujourd'hui serf et paria, peut être affranchi et redevenir citoyen, égal devant la loi à son maître, sans que son noble maître voie diminuer presque en rien son revenu, et perde autre chose qu'un titre fictif et un droit de supériorité, qui, par le temps qui court, n'est qu'un droit ridicule, placé qu'il est entre le knout du Cosaque, et le bonnet de la liberté que chaque paysan tient tout prêt à se remettre sur la tête, pour répondre, à coups de faux polonaise, aux insolentes menaces de ces esclaves vainqueurs.

En Pologne, chaque paysan, attaché en naissant à la glèbe du maître, cultive pour son propre compte une fraction de cette glèbe, dont il ne doit à son maître qu'une faible redevance, laquelle est un hommage lige plutôt qu'un impôt de quelque valeur.

Que perdrait le noble, en se dépouillant de cette fraction de sa propriété? Un titre stérile, un droit contraire à l'humanité; rien enfin de ce qui constitue une propriété véritable.

Peut-on résoudre à moins de frais un immense problème, et opérer une révolution radicale avec moins de bouleversement? Peut-on proclamer l'égalité, en portant une moindre atteinte au fait acquis de la propriété?

Nobles Polonais, ne tenez pas à une chimère;

vous vous exposeriez à perdre le tout pour si peu.

Hâtez-vous d'accomplir votre nuit du 4 août, si vous voulez conjurer un 93. Jamais notre noblesse française n'a été plus grande aux yeux de l'histoire que dans cette nuit, où elle se constitua, en déchirant ses vains titres, l'égale de chaque membre de la cité ; et plût au ciel que la royauté eût été alors aussi loyale qu'elle ! sans doute Louis XVI serait descendu à tout jamais de son trône, mais il ne serait pas monté sur un échafaud ! Quant à vous, vous n'avez ni cour, ni roi qui vous soient en obstacle ; aucune influence occulte, aucune camarilla, aucun œil-de-bœuf n'est là pour paralyser vos bons vouloirs. Allons, allons, nobles dames, nobles palatins, mettez la main à la brouette, et portez une pelletée de terre à votre Champ-de-Mars, comme le firent en 89 les nobles dames et les bourgeoises de France ; la fête de la Concorde approche, et il dépend de vous que le pacte ne soit jamais rompu. Il faut commencer par là, avant toute chose ; huit jours après vous aurez votre Jemmapes, huit jours plus tard la Moscovie subira un Austerlitz nouveau ; et le czar, cerné par vous, fera de nouveau le Grec du Bas-Empire ; il se fiera à votre générosité, pour obtenir le temps d'aller vous forger des chaînes. Je ne vous dirai pas : Soyez généreux envers une diplomatie altérée de sang : mais soyez généreux envers vos ennemis abusés ; vengez-vous d'eux en leur inspirant vos principes de liberté et d'égalité; et que la paix règne ensuite sur la terre!

Ces prodiges vous semblent un rêve ; ils se réaliseront demain, si vous le voulez comme nous. Appelez vos paysans à l'insurrection par la révolution, à la liberté par l'égalité, aux armes par le droit de cité; rendez-les citoyens enfin, et demain votre patrie sera libre. Hâtez-vous, car autrement vous n'aurez pas le mérite de l'initiative; l'esclavage de votre patrie leur pèse à eux autant qu'à vous; et s'ils en secouent le joug les premiers, vous aurez perdu une belle journée, vous n'aurez contribué en rien à la cause de la régénération des nations du Nord et du Midi de la Slavonie.

Voyez donc d'ici enfin tout ce que ces sortes de journées ont d'enivrant et de fastueux. C'est par trois journées semblables que ma patrie est devenue, en principe du moins, la terre classique de la liberté, et qu'elle a ouvert la voie où se déroule déjà, en dépit de tous les mauvais vouloirs et des tempêtes les plus menaçantes, l'œuvre interminable du progrès, voie nouvelle où chacun se jette avec un entraînement qui tient de l'enthousiasme (et tout enthousiasme vient d'en haut, sous quelque insigne qu'il se montre); les pauvres y cheminant avec résignation, les riches avec sympathie, les jeunes avec dévouement, les vieillards avec espérance, l'homme nouveau avec des mœurs dépouillées de mensonge, la femme avec une liberté chaste et pudique, avec une fidélité spontanée et durable; le citoyen, avec le sentiment de ses droits et de ses devoirs, et absorbant tous ses titres antérieurs dans ce seul titre, duquel émanent aujourd'hui tous ceux que pourra lui conférer la patrie, comme tout autant de récompenses ou tout autant d'obligations. La France nouvelle n'a plus que des citoyens, sur son livre civique; voyez-vous un seul de nos hommes nobles se plaindre et se sentir humilié de cette sainte égalité légale? Ce principe a-t-il été, sur un seul point du pays, traduit par un contre-sens? Voyez-vous les inégalités naturelles lutter contre l'impossible, se vautrer dans le ridicule, à force de vouloir se niveler? Les différences se fondent et s'harmonisent en prenant chacune leur rang; les similitudes de positions sociales ne cherchent point, en s'isolant, se groupant et se traçant des limites, à former tout autant de camps ennemis, au sein de la même cité. Le fort donne la main au faible, qui le remercie en le saluant, et lui rendra plus tard ce service, par un bon conseil et un autre genre de déférence. Chacun a gagné, personne n'a perdu à ce nouvel ordre de choses; le problème qui vous embarrasse a été donc résolu parmi nous, citoyens polonais!

Voulez-vous racheter au plus tôt votre nationalité de l'invasion étrangère, et en obtenir de nouveau l'inscription au grand-livre de l'hypothèque européenne? commencez par racheter votre patrie de l'esclavage intérieur. Voulez-vous rassembler, sous l'étendard de l'insurrection, plus de soldats qu'il n'en faut, pour chasser les Tartares de la Pologne et de la Moscovie même? proclamez en principe que la Pologne ne renferme plus dans son sein que des citoyens et des hommes libres, ayant droit aux mêmes avantages, astreints, par conséquent, aux mêmes devoirs.

Que tout homme né sous le ciel de la Pologne ait son droit de vote et de révision de la constitution, par l'impôt qu'il paye à l'État, par le secours qu'il lui prête.

Après avoir proclamé l'égalité des castes, proclamez l'indépendance de religions (1); que tout homme qui prie Dieu, en toute foi et toute humilité, soit considéré comme le type de l'honnête homme, en quelque langue qu'il prie et quelques gestes qu'il fasse en priant. Permettez de prier et de prêcher même; défendez de persécuter et de maudire. Tâchez de convaincre, mais n'imposez

(1) D'après Stanislas Plater, la Pologne, en 1763, sur 20 millions d'habitants, possédait environ 8 millions de catholiques romains, près de 4 millions de catholiques grecs, 3 millions de catholiques schismatiques, 2 millions de protestants, 2 millions d'israélites, près de 200,000 raskolniks ou espèces de bohémiens et de missionnaires russes, et 56,000 mahométans.

aucune croyance; la tolérance est la religion de l'avenir, qui ne verra, dans les divers croyants, que des citoyens du même pays, des frères de la même famille, ayant également, et avec la même liberté, droit de voter, et sur les intérêts du ciel et sur ceux de la terre.

Le droit de voter suppose les dissidences; la discussion les éclaire, le vote les suspend ou les termine.

Ayez peu de lois, et encore moins de juges; remplacez la justice par la conciliation, et la procédure par l'arbitrage.

Habituez les citoyens à croire à la probité, et non à la puissance de la chicane. La chicane est un servage, dont les plaideurs sont les serfs. Le gouvernement de tous est un gouvernement de conciliation et de concorde, depuis le sommet jusqu'à la base, depuis le premier jusqu'au dernier des embranchements.

Fondez la morale sur la vérité, et non sur des apparences sauvées.

La royauté, chez vous, n'a jamais poussé que de tristes racines; votre sol républicain ne convient nullement à cet arbre-là. N'y implantez rien qui lui ressemble, fût-ce même un sujet greffé.

Nobles Polonais, vous n'êtes pas nobles à la manière de nos anciens nobles; chez vous, les décorations et le blason des armes étaient des dérogations aux principes constitutionnels de la noblesse; un titre étranger accolé à vos noms était une tache d'infamie; vous n'aviez droit de porter que des noms bourgeois; que vous coûtera-t-il de renoncer à un privilége entouré de si peu de préjugés et d'une auréole si terne?

Ne vous apercevez-vous pas de la défection de tout ce qui vous entoure? Vos enfants, élevés à l'école nouvelle, rejettent loin d'eux vos prétentions nobiliaires, comme des hochets qui les ont assez bercés étant enfants; ils rêvent la gloire dans les rangs du peuple, et préfèrent l'honneur national à l'auréole des castes. Vos enfants vous devancent, cela est naturel; ne les maudissez pas, car il est des malédictions coupables de blasphème.

Ne cherchez pas à vous mettre en travers sur leur route; ils jetteraient, sur leurs pères abusés, le manteau de la vénération filiale, et passeraient par côté; il y a aujourd'hui des milliers de routes qui conduisent au but où ils tendent. Les démocrates ont, depuis sept ans, sillonné le sol en dessous et à la surface, par leurs mille travaux herculéens.

Ne croyez pas que tout soit fini, dans ce recommencement national, pour les goûts que vous avait fait contracter l'ancien ordre des choses: jamais, de votre vie aujourd'hui ennuyée et monotone, vous n'aurez trouvé de plus de nobles aliments à de plus nobles passions.

Vous désirez qu'on vous honore et que l'on vous porte respect! la patrie lève déjà la main au shako, pour vous saluer avec enthousiasme, dans ce baptême de la régénération nationale.

Vous aimez la gloire des batailles; la victoire vous attend à Varsovie, à Dantzig, à Riga, en Galicie, sur le Dnieper et à Moscou, s'il le faut, et si l'on ne se hâte de vous demander grâce; vos égaux seront vos soldats; ils aiment à obéir à qui les a précédés dans la carrière.

Vous cultivez les arts de la paix; la liberté ennoblit les arts, même les plus petits en apparence.

Que d'aliments à ses nobles passions va trouver, dans ce nouvel ordre de choses, le Polonais, actif jusqu'à la turbulence, brave jusqu'à la témérité, intelligent jusqu'au prodige!

La guerre qui ne finira pas de sitôt, l'agriculture secouant la routine, l'industrie s'éclairant au flambeau de la publicité, le commerce, réhabilité par la loi, posant un pied sur les bords de la mer Noire, un autre sur les rivages de la Baltique, et agitant sa rame incessante dans les eaux de la Vistule, du Bug, de l'Oder et du Borysthène; tout ce qui occupe les bras et exerce l'intelligence, va se ranimer enfin à la voix de la patrie libre, elle qui sanctifie tout ce qu'elle encourage, qui offre à chaque capacité un emploi, à chaque tendance un but, à chaque talent une gloire, et à chaque gloire une illustration bien autrement brillante, que n'eussent pu la conférer les insignes de nos comtes et barons, et les actes de naissance de vos nobles, ou les titres de vos castellans et palatins.

Nobles Polonais, redevenez peuple! et demain la Pologne reprendra ses droits comme un seul homme; car un peuple de frères, c'est une unité.

Et vous, hardis novateurs, qui forgez, dans l'exil, les armes dont vous chargerez bientôt vos bras, pour voler à la conquête de la paix et de la gloire de votre patrie; hommes sortis des rangs du peuple, ou qui mettez votre honneur à y rentrer, reprenez courage et espérance; votre évangile est celui du nouveau monde, c'est-à-dire de tout le monde. Vous savez que la liberté est mensongère sans la fraternité; car la liberté égoïste est un monopole; le monopole suppose l'esclavage, et l'esclavage est tôt ou tard destructeur de ce qui reste de liberté. Proclamez, en arrivant au premier bivouac sur l'Oder, une liberté sainte et nationale, qui vise à détruire les vieilles institutions, à ménager les positions sociales, à convertir les dissidences sans frapper et punir. L'écho de la Pologne redit déjà, mais avec des sons mystérieux et intelligibles pour les seules oreilles polonaises, vos vœux, vos projets, vos plans et vos principes. La jeunesse nationale abdique ses antipathies et ses ieilles haines de caste et de religion, pour accourir au champ de Mars, s'enrôler sous votre bannière.

Paysans citoyens, réaiguisez vos faux, sous lesquelles les escadrons ennemis tombaient, comme des engrais verts destinés à fertiliser vos terres.

N'entendons-nous pas le sol qui s'ébranle sous nos pas, l'air qui retentit du clairon des batailles? et ne voyons-nous pas l'étoile de Mars qui monte sur l'horizon, scintillante d'un rouge de sang? La nature est pleine de signes précurseurs des événements extraordinaires; et la diplomatie aux abois tremble et ruisselle d'une froide sueur. L'insurrection qui couve n'attend plus qu'une étincelle céleste, pour éclater sur les bords de la Vistule, et ailleurs peut-être. Tout s'agite dans le malaise en Occident; tout s'y réchauffe au contact de la fraternité universelle. Il n'est pas une constitution qui n'use ses enveloppes, au frottement des idées nouvelles. Le juste-milieu, menteur et fourbe, n'ose presque plus nulle part lever le nez de dessus le comptoir, où il excompte les consciences; c'est un dévergondage de haut lieu qui n'ose déjà plus descendre dans la boutique, et encore moins dans la rue. L'aristocratie, honteuse de s'être vue remplacée un instant par cette mégère des bazars, retourne droit et hardiment au peuple, qui est bon et généreux, qui ne demande que des grandes choses à faire, qui les comprend dès qu'on lui en parle, qui les sent dès qu'il les comprend. Les nations se dépouillent de leurs rivalités hostiles, et viennent toutes se rajeunir d'espérance au soleil de notre juillet. L'Espagne chasse l'absolutisme, et du même coup le faux libéralisme ; la Suisse s'exerce au tir de Guillaume-Tell pour une occasion favorable ; l'Italie se prépare aux funérailles de la politique de Metternich ; la Poméranie et le Hanovre sont deux foyers mal éteints, d'où peut partir un nouvel incendie ; la Hollande vise au rétablissement du stathoudérat, et la Belgique n'a pris un roi que comme un couvert à sa république fédérative ; la jeunesse allemande, enfin, entonne l'hymne de la liberté nationale.

La Russie, qui, dans sa ténébreuse diplomatie, a conçu le projet insensé de tout envahir (1), la Russie est grosse de conspirations de palais et d'associations démocratiques ; les officiers de son armée sont les instructeurs de la liberté ; le soldat russe, qui, encore enfant, vint se chauffer les doigts aux bivouacs de notre grande armée, y apprit de ces mots qui ne s'effacent plus de la mémoire. Le Caucase lutte avec succès contre le colosse ; l'Orient musulman n'attend qu'un instant propice pour lui porter son coup. Le colosse, étourdi de ces présages, insulte le nom français comme coupable de ces prodiges ; mais nos vétérans d'Austerlitz crient déjà à nos

(1) Voyez la *Politique oriento-méridionale du cabinet de Saint-Pétersbourg*, de Maurice Mochnacki, traduit par J. N. Janowski. Paris, 1836.

recrues : *Enfants, enfants, est-ce que vous n'irez donc pas corriger l'insolent?* et l'armée, qu'une diplomatie à lèvres pincées croit leurrer longtemps encore, est sur le point d'envoyer paître les protocoles, et de crier : *En avant!* Qui osera se flatter de contenir l'impatience du sang français provoquée par un Moscovite, et encouragée par toutes les nations? Égyptiens, Arabes, Turcs, Circassiens, Moldaves, Cosaques, tenez-vous prêts; des peuples outragés s'avancent au secours de tous les peuples opprimés; la France et la Pologne vont traverser l'Allemagne, qui grossira leurs rangs (1).

(1) Quand je parle des outrages de la Russie, je ne m'occupe que de ceux qui sont à l'adresse du peuple français ; chacun sait que, reconnaissant mon incompétence en fait de questions dynastiques, je laisse aux dynasties le soin de s'expliquer entre elles, sur le terrain..... de la diplomatie. Un *journal français* a prétendu que le czar, respectant désormais le principe révolutionnaire français, et reconnaissant que les Bourbons sont désormais devenus impossibles en France, n'avait juré une haine implacable qu'à la dynastie d'Orléans. Délicieuse presse périodique des lois de septembre! Le czar, qui livre à la torture et à l'exil le principe révolutionnaire en Pologne, le respecterait en France par la même occasion! Cela rappelle admirablement Catherine II, qui, s'occupant sérieusement du partage de la Pologne, se proclamait protectrice du principe républicain polonais, contre la France monarchique d'alors.

On n'adopte un principe que par une profession de foi : si le czar est converti au principe révolutionnaire, qu'il le professe; qu'il descende du trône, qu'il dépose, sur l'autel de la patrie, le glaive et le sceptre dont il a écrasé la liberté des peuples! Nouveau

En avant! en avant! émigrés polonais. Devant ce cri toute discussion cesse, toute dissension s'éteint. Plus de querelles de mots, hommes de l'ère nouvelle! elles sont trop mesquines devant les sublimes questions qui s'agitent en ce moment. S'arroger le droit d'occuper un fauteuil plus élevé dans une assemblée, de porter une tache rouge à la boutonnière, de dire *nous* au lieu de *moi*, de s'entendre dire *vous* au lieu de *toi*, cela se pense en deux minutes, et l'on bâille après. Mais travailler à l'élévation de tout ce qui est humble, à l'abaissement de tout ce qui est orgueilleux et blasphématoire, à l'amélioration de tout ce qui est vicieux, au soulagement de tout ce qui souffre, à la conquête de tout ce qui manque au pays, au perfectionnement des arts et de l'industrie, à l'ennoblissement et à la réhabilitation du commerce, à la multiplication des produits territoriaux, au bien-être des

Washington, qu'il rentre, comme simple citoyen, dans le mouvement qui s'achève; et alors tout sera pardonné, à cause de cet acte sublime et expiatoire, et les conspirateurs de tout le globe le recevront en bon camarade, après l'accolade, le serment, et puis l'épreuve! Mais s'il espère donner le change aux Français, nés malins, au moyen de l'une de ces roueries empruntées, par tradition, aux roueries des Grecs du Bas-Empire, il faut bien qu'il sache qu'il n'y a pas à Paris un gamin qui, en ce genre de malice, n'ait plus d'esprit que lui, et qui ne lui pose son *ultimatum* en ces termes: *Veux-tu que nous soyons camarades? sois Polonais d'abord, et puis nous verrons!*

masses et à leur bonheur bien entendu; voilà des questions qui élèvent l'âme et le cœur, qui agrandissent les idées et rendent fier de porter le nom du pays.

Désirez-vous de nobles exercices, de la gloire, du mouvement, de l'activité, de l'enthousiasme, l'estime de vos semblables, la vie avec les charmes de la jeunesse et le noble orgueil de l'âge mûr? tout cela est dans la régénération de la patrie et dans la proclamation de l'égalité.

La *Société démocratique polonaise* a parfaitement bien compris le problème. L'avenir lui appartient; car elle a rompu hardiment avec toutes les vieilles idées, qui jusqu'ici n'ont que trop divisé les hommes et les peuples.

Que Dieu nous rende témoins du succès de son insurrection prochaine!!!

FIN.

TABLE DES MATIÈRES.

FIN DE LA TABLE.

www.ingramcontent.com/pod-product-compliance
Ingram Content Group UK Ltd.
Pitfield, Milton Keynes, MK11 3LW, UK
UKHW020249180726
13839UKWH00001B/262

9 782329 584409